中华人民共和国反有组织犯罪法

注释本

法律出版社法规中心　编

法律出版社
LAW PRESS CHINA
·北　京·

图书在版编目（CIP）数据

中华人民共和国反有组织犯罪法注释本 / 法律出版社法规中心编. -- 北京 : 法律出版社, 2025. -- (法律单行本注释本系列). -- ISBN 978 -7 -5197 -9570 -2

Ⅰ. D922.145

中国国家版本馆 CIP 数据核字第 20241PM484 号

中华人民共和国反有组织犯罪法注释本
ZHONGHUA RENMIN GONGHEGUO FANYOUZUZHI FANZUIFA ZHUSHIBEN

法律出版社法规中心 编

责任编辑 陶玉霞
装帧设计 李 瞻

出版发行 法律出版社
编辑统筹 法规出版分社
责任校对 王晓萍
责任印制 耿润瑜
经　　销 新华书店

开本 850 毫米×1168 毫米 1/32
印张 6.375 **字数** 180 千
版本 2025 年 1 月第 1 版
印次 2025 年 1 月第 1 次印刷
印刷 北京盛通印刷股份有限公司

地址:北京市丰台区莲花池西里 7 号(100073)
网址:www.lawpress.com.cn
投稿邮箱:info@lawpress.com.cn
举报盗版邮箱:jbwq@lawpress.com.cn
销售电话:010 -83938349
客服电话:010 -83938350
咨询电话:010 -63939796

书号:ISBN 978 -7 -5197 -9570 -2
定价:22.00 元
凡购买本社图书,如有印装错误,我社负责退换。电话:010 -83938349

编辑出版说明

现代社会是法治社会,社会发展离不开法治护航,百姓福祉少不了法律保障。遇到问题依法解决,已经成为人们处理矛盾、解决纠纷的不二之选。然而,面对纷繁复杂的法律问题,如何精准、高效地找到法律依据,如何完整、准确地理解和运用法律,日益成为人们"学法、用法"的关键所在。

为了帮助读者快速准确地掌握"学法、用法"的本领,我社开创性地推出了"法律单行本注释本系列"丛书,至今已十余年。本丛书历经多次修订完善,现已出版近百个品种,涵盖了社会生活的重要领域,已经成为广大读者学习法律、应用法律之必选图书。

本丛书具有以下特点:

1. 出版机构权威。成立于1954年的法律出版社,是全国首家法律专业出版机构,始终秉承"为人民传播法律"的宗旨,完整记录了中国法治建设发展的全过程,享有"社会科学类全国一级出版社"等荣誉称号,入选"全国百佳图书出版单位"。

2. 编写人员专业。本丛书皆由相关法律领域内的专业人士编写,确保图书内容始终紧跟法治进程,反映最新立法动态,体现条文本义内涵。

3. 法律文本标准。作为专业的法律出版机构,多年来,我社始终使用全国人民代表大会常务委员会公报刊登的法律文本，积淀了丰富的标准法律文本资源，并根据立法进度及时更新相关内容。

4. 条文注解精准。本丛书以立法机关的解读为蓝本，给每个条文提炼出条文主旨，并对重点条文进行注释，使读者能精准掌握立法意图，轻松理解条文内容。

5. 配套附录实用。书末"附录"部分收录的均为重要的相关法律、法规和司法解释，使读者在使用中更为便捷，使全书更为实用。

需要说明的是，本丛书中"适用提要""条文主旨""条文注释"等内容皆是编者为方便读者阅读、理解而编写，不同于国家正式通过、颁布的法律文本，不具有法律效力。本丛书不足之处，恳请读者批评指正。

我们用心打磨本丛书，以期待为法律相关专业的学生释法解疑，致力于为每个公民的合法权益撑起法律的保护伞。

法律出版社法规中心

2024 年 12 月

目　录

附　　录

《中华人民共和国反有组织犯罪法》适用提要

“有组织犯罪”，即黑恶势力犯罪，在世界范围内普遍存在，一些国家还形成了组织严密、经济实力强大、对社会生活甚至国家政治活动有显著影响的黑社会犯罪组织。中华人民共和国成立后，党和政府采取高压严打政策，在较短的时间内彻底清除了旧社会遗留下来的反动会道门等黑恶势力。改革开放以来，受境内外多方面因素的影响，黑恶势力在一些地方又沉渣泛起。1997 年修订《刑法》[①]时，经过对当时有组织犯罪情况的深入研究、综合研判，增加规定了组织、领导、参加黑社会性质组织的犯罪。此后，公安、司法机关在依法办理黑社会性质组织犯罪案件时，积累了一些经验，也制定了一些司法解释、政策文件。

在《反有组织犯罪法》制定前，我国法律体系中关于惩治黑恶势力违法犯罪已经有了一系列规定。在法律层面有：(1)《刑法》的有关规定。包括《刑法》第 294 条关于组织、领导、参加黑社会性质组织罪，入境发展黑社会组织罪和包庇、纵容黑社会性质组织罪，以及黑社会性质的组织的含义的规定；《刑法》总则关于共同犯罪、犯罪集团的规定，关于特殊累犯、限制减刑、不得假释的规定中对黑社会性质组织犯罪、有组织的暴力性犯罪的规定，关于洗钱

① 为方便阅读，本书中法律法规名称均使用简称。

罪的规定中对黑社会性质组织的犯罪构成洗钱罪上游犯罪的规定等。(2)《刑事诉讼法》关于黑社会性质组织犯罪案件办理程序的特别规定,包括对黑社会性质的组织犯罪案件证人、鉴定人、被害人的保护措施,对黑社会性质的组织犯罪案件采取技术侦查措施的规定等。在司法解释、司法文件层面,主要有:2000年12月,最高人民法院制定的《关于审理黑社会性质组织犯罪的案件具体应用法律若干问题的解释》;2009年12月,最高人民法院、最高人民检察院、公安部联合印发的《办理黑社会性质组织犯罪案件座谈会纪要》;2012年9月,最高人民法院、最高人民检察院、公安部、司法部联合印发的《关于办理黑社会性质组织犯罪案件若干问题的规定》等。

另外,在扫黑除恶专项斗争期间,相关部门陆续发布了依法办理黑恶势力犯罪案件的多个法律政策文件,具体包括:《关于办理黑恶势力犯罪案件若干问题的指导意见》《关于办理恶势力刑事案件若干问题的意见》《关于办理"套路贷"刑事案件若干问题的意见》《关于办理黑恶势力刑事案件中财产处置若干问题的意见》《关于办理实施"软暴力"的刑事案件若干问题的意见》《关于办理非法放贷刑事案件若干问题的意见》《关于办理利用信息网络实施黑恶势力犯罪刑事案件若干问题的意见》《关于在扫黑除恶专项斗争中分工负责、互相配合、互相制约严惩公职人员涉黑涉恶违法犯罪问题的通知》《关于跨省异地执行刑罚的黑恶势力罪犯坦白检举构成自首立功若干问题的意见》《关于依法严惩利用未成年人实施黑恶势力犯罪的意见》等。这些政策文件是在法律规定的框架下,针对专项斗争中司法实践的需要,就法律适用、司法政策和工作机制作出的具体规定,与《刑法》《刑事诉讼法》等法律规定的精神是一致的。

从总体上看,《反有组织犯罪法》制定前,我国反有组织犯罪的法律制度具备一定规模,也取得了一定效果,但比较分散、未成体系，部分文件效力位阶比较低。从法律规范的内容来看，主要是办理有组织犯罪案件的刑事实体和刑事诉讼程序方面的规定，有组织犯罪的预防治理、反有组织犯罪工作保障方面的制度规范还比较少。在此前规定的基础上，总结实践经验，制定一部专门的反有组织犯罪方面的综合性法律，有利于为常态化扫黑除恶斗争提供更加有力的法治保障，进一步完善以《宪法》为核心的中国特色社会主义法律体系，推进国家治理体系和治理能力现代化。

2021 年 12 月 24 日，第十三届全国人大常委会第三十二次会议审议通过了《反有组织犯罪法》，于 2022 年 5 月 1 日起正式施行。《反有组织犯罪法》共 9 章 77 条，对反有组织犯罪工作的原则、有组织犯罪的预防和治理、案件办理、涉案财产认定和处置、国家工作人员涉有组织犯罪的处理、国际合作、保障措施及法律责任等作了规定。重点包括以下内容：

1. 依法从严惩治黑恶犯罪。在案件办理方面，明确对有组织犯罪的组织者、领导者和骨干成员应当严格掌握取保候审、不起诉、缓刑等的适用条件，充分适用剥夺政治权利、没收财产、罚金等刑罚；规定公安机关在线索核查阶段，对黑社会性质组织案件的涉案财产可以依法采取紧急止付、临时冻结、临时扣押的紧急措施；对有组织犯罪案件的犯罪嫌疑人、被告人可以采取异地羁押、分别羁押或者单独羁押等措施。对于涉案财产认定和处置，规定办案机关可以全面调查涉嫌有组织犯罪的组织及其成员的财产状况；被告人实施黑社会性质组织犯罪的定罪量刑事实已经查清，有证据证明其在犯罪期间获得的财产高度可能属于黑社会性质组织犯罪的违法所得及其孳息、收益，被告人不能说明财产合法来源的，应当依法予以追缴、没收。为预防再犯罪，法律规定了因组织、领导黑社会性质组织被判处刑罚人员刑满释放后的个人财产及日常活动报告制度，以及相关行业主管部门对有关人员开办企业等加强监管。

2. 深挖黑恶势力“保护伞”。明确了国家工作人员涉有组织犯罪的违法犯罪行为的具体类型，明确对于这些行为应当全面调查依法作出处理；并规定国家工作人员组织、领导、参加有组织犯罪的，应当依法从重处罚；规定监察机关、人民法院、人民检察院、公安机关、司法行政机关应当加强协作配合，建立线索办理沟通机制；对依法查办有组织犯罪案件的国家工作人员不得有的行为作出规定，明确底线禁区。

3. 严防黑恶势力渗入基层。明确民政部门应当会同监察机关、公安机关等有关部门，对村民委员会、居民委员会成员候选人资格进行审查，发现因实施有组织犯罪受过刑事处罚的应当依照有关规定及时作出处理。

4. 防止未成年人遭受侵害。对各级人民政府及有关部门、村（居）民委员会、企业事业单位、社会组织等各方面的职责作了规定。同时规定，发展未成年人参加黑社会性质组织、境外的黑社会组织，教唆、诱骗未成年人实施有组织犯罪，或者实施有组织犯罪侵害未成年人合法权益的，依法从重追究刑事责任；教唆、诱骗未成年人参加有组织犯罪组织或者阻止未成年人退出有组织犯罪组织，尚不构成犯罪的，依法从重处罚。

5. 保障涉案单位个人权益。明确对犯罪嫌疑人、被告人采取异地羁押措施的，应当依法通知其家属和辩护人；规定涉案财物处置应当严格依照法定条件和程序进行，并对涉案财物处置涉及的利害关系人的有关诉讼权利作出专门规定。此外，还对证人、被害人、举报人等的保护措施作了专门规定。

中华人民共和国反有组织犯罪法

（2021年12月24日第十三届全国人民代表大会常务委员会第三十二次会议通过　2021年12月24日中华人民共和国主席令第101号公布　自2022年5月1日起施行）

第一章　总　　则

第一条　【立法目的】为了预防和惩治有组织犯罪，加强和规范反有组织犯罪工作，维护国家安全、社会秩序、经济秩序，保护公民和组织的合法权益，根据宪法，制定本法。

条文注释

本条是关于本法立法目的的规定。

对有组织犯罪进行严厉打击惩治，是最基础的反有组织犯罪工作。制定本法，是在反有组织犯罪领域通过完备的法律推动《宪法》实施，保证《宪法》确立的制度和原则得到落实的重要举措。

本法是关于反有组织犯罪工作的专门法律，同时，《刑法》《刑事诉讼法》等其他法律中关于反有组织犯罪的规定也继续有效。在根据本法开展反有组织犯罪工作的同时，也应当注意处理好与《刑法》《刑事诉讼法》等其他法律规定的衔接，注意准确适用其他相关法律的规定。

关联法规

《宪法》第28条

第二条 【核心概念与适用范围】本法所称有组织犯罪，是指《中华人民共和国刑法》第二百九十四条规定的组织、领导、参加黑社会性质组织犯罪，以及黑社会性质组织、恶势力组织实施的犯罪。

本法所称恶势力组织，是指经常纠集在一起，以暴力、威胁或者其他手段，在一定区域或者行业领域内多次实施违法犯罪活动，为非作恶，欺压群众，扰乱社会秩序、经济秩序，造成较为恶劣的社会影响，但尚未形成黑社会性质组织的犯罪组织。

境外的黑社会组织到中华人民共和国境内发展组织成员、实施犯罪，以及在境外对中华人民共和国国家或者公民犯罪的，适用本法。

条文注释

本条是关于有组织犯罪概念、恶势力组织概念和境外黑社会组织法律适用的规定。

根据本条第1款的规定，本法所称有组织犯罪，是指《刑法》第294条规定的组织、领导、参加黑社会性质组织犯罪，以及黑社会性质组织、恶势力组织实施的犯罪。本款规定是明确本法中使用的“有组织犯罪”概念的含义，明确本法设定的法律制度规范的适用范围。在本法规定以外的其他领域，还存在黑社会性质组织、恶势力组织犯罪以外的有组织的犯罪活动，不同语境下“有组织犯罪”的含义可能有所区别。

本条第2款对恶势力组织的概念作了规定。根据本款规定，本法所称恶势力组织，是指经常纠集在一起，以暴力、威胁或者其他手段，在一定区域或者行业领域内多次实施违法犯罪活动，为非作恶，欺压群众，扰乱社会秩序、经济秩序，造成较为恶劣的社会影响，但尚未形成黑社会性质组织的犯罪组织。这一概念总结了专项斗争经验,明确了恶势力组织应当具有的特征。

本条第3款是关于境外黑社会组织法律适用的规定。本款规定的“境外的黑社会组织”,既包括外国的黑社会组织,也包括我国香港特别行政区、澳门特别行政区和台湾地区的黑社会组织。本款规定境外的黑社会组织适用本法的情形有三种:一是到中华人民共和国境内发展组织成员,即境外的黑社会组织通过引诱、拉拢、腐蚀、暴力、威胁、贿赂等手段,在我国境内将境内或者境外人员吸收为该组织的成员。二是到中华人民共和国境内实施犯罪,即到我国境内实施我国《刑法》规定的犯罪行为。三是在境外对中华人民共和国国家或者公民犯罪,即在境外实施危害我国国家安全和利益或者我国公民权利的犯罪行为。需要说明的是,对于第三种犯罪行为追究刑事责任的,仍然要符合《刑法》第8条规定的条件。本款规定的“适用本法”,是指对境外的黑社会组织实施的这些犯罪行为,可以适用本法规定的工作原则、预防和治理措施、涉案财产认定和处置程序等。本法对黑社会性质组织犯罪规定的特别措施,境外黑社会组织犯罪都可以适用。

关联法规

《刑法》第8、294条

《关于〈中华人民共和国刑法〉第二百九十四条第一款的解释》

《关于办理黑恶势力犯罪案件若干问题的指导意见》

《关于办理恶势力刑事案件若干问题的意见》

第三条 【工作方针】反有组织犯罪工作应当坚持总体国家安全观,综合运用法律、经济、科技、文化、教育等手段,建立健全反有组织犯罪工作机制和有组织犯罪预防治理体系。

条文注释

本条是关于反有组织犯罪工作方针的规定。

本条主要规定了三个方面的反有组织犯罪工作方针:

(1)反有组织犯罪工作应当坚持总体国家安全观。这是对反有组织犯罪工作具有全局性意义的指导方针。反有组织犯罪工作坚持总体国家安全观，首先要提高政治站位，从维护国家安全、巩固党的执政地位，确保人民安居乐业、社会安定有序、国家长治久安的角度认识反有组织犯罪工作。同时，要注重维护好各领域的国家安全。维护经济安全，打击黑恶势力欺行霸市、强买强卖等扰乱市场秩序的违法犯罪活动，打破其对特定行业领域的非法控制和影响，维护社会主义市场经济秩序，优化营商环境。维护社会安全，通过常态化扫黑除恶，净化社会风气，实现社会和谐稳定。

（2）反有组织犯罪工作应当综合运用法律、经济、科技、文化、教育等手段。法律手段，主要是依法办理有组织犯罪案件、认定和处置涉案财产。经济手段，既包括在经济上对有组织犯罪活动进行制裁，也包括在经济领域对有关行业乱象进行治理，铲除有组织犯罪滋生的土壤。科技手段，主要是运用现代信息技术、大数据等方法对有组织犯罪线索进行分析研判，在侦查有组织犯罪案件中使用技术手段等。文化手段，主要是运用多种文化形式进行反有组织犯罪宣传。教育手段，主要是运用多种形式对未成年人、特定行业从业人员和社会公众进行反有组织犯罪教育。这些手段不是相互严格区分的，而是互相交叉融合，需要综合运用，统筹考虑。

（3）反有组织犯罪工作应当建立健全反有组织犯罪工作机制和有组织犯罪预防治理体系。这一工作机制和预防治理体系主要包括六个方面：源头治理的防范整治机制；智能公开的举报奖励机制；打早打小的依法惩处机制；精准有效的督导督办机制；激励约束的考核评价机制；持续推进的组织领导机制。

关联法规

《国家安全法》第 3 条

《反有组织犯罪法》第 10 条第 3 款、第 11 条

第四条 【工作原则】反有组织犯罪工作应当坚持专门工作与群众路线相结合，坚持专项治理与系统治理相结合，坚持与反腐败相结合，坚持与加强基层组织建设相结合，惩防并举、标本兼治。

条文注释

本条是关于反有组织犯罪工作原则的规定。

本条根据党中央文件精神，总结专项斗争的实践经验，对反有组织犯罪工作的原则作了规定。其内容可以从以下两个方面理解：

(1)反有组织犯罪工作应做到四个“结合”。一是坚持专门工作与群众路线相结合。黑恶势力犯罪对人民生命财产安全和获得感、幸福感造成严重威胁，与有组织犯罪作斗争，必须坚持以人民为中心的发展思想，践行“一切为了群众，一切依靠群众，从群众中来，到群众中去”的群众路线，实行专门工作与群众路线相结合。二是坚持专项治理与系统治理相结合。专项治理，是指针对黑恶势力犯罪活动滋生和蔓延的具体领域、具体问题，精准施策，解决突出问题，化解风险隐患。系统治理，是指从犯罪控制和社会治理的全局着眼，综合运用多种措施手段，从源头上减少和预防有组织犯罪。三是坚持反有组织犯罪工作与反腐败相结合。就是强调要根据党中央全面从严治党的要求，发扬自我革命精神，对有组织犯罪与相关的公职人员职务违法犯罪一并处理，既惩治黑恶犯罪，又清除干部队伍中的害群之马。四是坚持反有组织犯罪工作与加强基层组织建设相结合。要通过加强基层组织建设，使基层组织成为党领导下防范有组织犯罪活动的坚固防线。

(2)反有组织犯罪工作应当惩防并举、标本兼治。这一原则是指既要注重对有组织犯罪活动的依法惩治，又要重视通过多种手段进行有组织犯罪预防治理。通过惩治和治理“两手抓”，实现打击和震慑“治标”与建立长效机制“治本”的结合，促进社会长治久安。

关联法规

《国家安全法》第9条

《监察法》第3、6条

第五条　【工作要求】反有组织犯罪工作应当依法进行，尊重和保障人权，维护公民和组织的合法权益。

条文注释

本条是关于反有组织犯罪工作要求的规定。

本条总结扫黑除恶专项斗争经验，与《宪法》和有关法律的规定衔接，对反有组织犯罪工作依法进行、尊重和保障人权的原则作出了规定，主要包括以下两个方面：

（1）反有组织犯罪工作应当依法进行。这一规定要求在反有组织犯罪立法和执法司法工作中，应当贯彻党中央全面依法治国的要求，坚持社会主义法治原则。

（2）反有组织犯罪工作应当尊重和保障人权，维护公民和组织的合法权益。本法的许多具体规定都体现了这一原则。如第22条第3款关于有组织犯罪的犯罪嫌疑人、被告人适用认罪认罚从宽制度的规定；第30条中关于对犯罪嫌疑人、被告人采取异地羁押措施依法通知其家属和辩护人的规定；第41条中关于涉案财物处置应当严格依照法定条件和程序进行，依法保护公民和组织的合法财产权益的规定；第49条关于涉案财物处置中保障利害关系人有关诉讼权利的规定；第7章中关于对证人、鉴定人、被害人、举报人等的保护措施等。执法司法机关应当严格执行这些规定，切实维护公民和组织的合法权益。

关联法规

《宪法》第33条第3款

《国家安全法》第7条

《刑事诉讼法》第2条

第六条 【有关机关工作职责】监察机关、人民法院、人民检察院、公安机关、司法行政机关以及其他有关国家机关,应当根据分工,互相配合,互相制约,依法做好反有组织犯罪工作。

有关部门应当动员、依靠村民委员会、居民委员会、企业事业单位、社会组织,共同开展反有组织犯罪工作。

条文注释

本条是关于有关国家机关的反有组织犯罪工作职责的规定。

反有组织犯罪工作包括预防治理,有组织犯罪案件侦查、审查起诉、审判和刑罚执行,国家机关工作人员涉有组织犯罪的职务违法、职务犯罪案件的调查处置,工作保障等多个方面和领域,涉及多个部门的职责。对涉及反有组织犯罪工作的有关部门的职责和履职原则、相互关系作出规定,有利于各部门加强统筹协调,形成合力,各司其职、各负其责,共同做好反有组织犯罪工作。

本条第1款是关于反有组织犯罪工作中有关国家机关的履职原则和相互关系的规定。《宪法》第127条第2款规定,监察机关办理职务违法和职务犯罪案件,应当与审判机关、检察机关、执法部门互相配合,互相制约;第140条规定,人民法院、人民检察院和公安机关办理刑事案件,应当分工负责,互相配合,互相制约,以保证准确有效地执行法律。《监察法》第4条第2款规定,监察机关办理职务违法和职务犯罪案件,应当与审判机关、检察机关、执法部门互相配合,互相制约。《刑事诉讼法》第7条规定,人民法院、人民检察院和公安机关进行刑事诉讼,应当分工负责,互相配合,互相制约,以保证准确有效地执行法律。

本条第2款是关于有关部门动员、依靠社会力量共同开展反有组织犯罪工作的规定。根据本款规定,有关国家机关应当动员、依靠几种社会力量,共同开展反有组织犯罪工作:一是村民委员会、居民委员会。本法第9条第2款规定了村民委员会、居民委员会协助人民政府以及有关部门开展有组织犯罪预防和治理工作,具体包括协助党委政府开展反有组织犯罪宣传教育，组织开展治安巡逻，发现有组织犯罪活动线索及时向公安机关报告，协助开展涉有组织犯罪人员的社区矫正、安置帮教工作等。二是企业事业单位。本法规定了电信业务经营者、互联网服务提供者、金融机构和特定非金融机构等企业事业单位配合开展反有组织犯罪工作的职责。三是社会组织，包括社会团体、基金会、社会服务机构等，这些组织可以在协助有关国家机关开展反有组织犯罪宣传教育、社区矫正、行业治理等方面发挥作用。有关国家机关应当依照本款规定，充分动员、依靠社会力量，形成全社会广泛参与反有组织犯罪工作的强大合力。

第七条　【协助义务与保护措施】任何单位和个人都有协助、配合有关部门开展反有组织犯罪工作的义务。

国家依法对协助、配合反有组织犯罪工作的单位和个人给予保护。

条文注释

本条是关于单位和个人协助、配合开展反有组织犯罪工作的义务和对这些单位和个人给予保护的规定。

本条第 1 款规定，任何单位和个人都有协助、配合有关部门开展反有组织犯罪工作的义务。无论是单位，包括企业、事业单位、社会团体等，还是每一个公民，都有协助、配合负有反有组织犯罪工作职责的有关部门开展反有组织犯罪工作的义务。这些负有反有组织犯罪工作职责的部门由法律赋予其打击和防范、处置有组织犯罪的职责；其具体内容及如何开展反有组织犯罪工作，本法第 2 章、第 3 章、第 4 章、第 6 章等有关章节都有明确的规定。

本条第 2 款是对协助、配合反有组织犯罪工作的单位和个人给予保护的规定，即国家依法对协助、配合反有组织犯罪工作的单位和个人给予保护。本条所说的“单位和个人”是广义的，它包括一切国家机关、武装力量、政党、社会团体及企业事业组织和个人。这里所说的“保护”，主要是指对协助、配合反有组织犯罪工作的单位和个人的人身安全、财产安全和其他合法权益加以保护，防止他们遭受侵害，如对其个人信息采取保密措施，对其人身采取专门保护等。

关联法规

《反有组织犯罪法》第61～65条

第八条 【举报、表彰和奖励】国家鼓励单位和个人举报有组织犯罪。

对举报有组织犯罪或者在反有组织犯罪工作中作出突出贡献的单位和个人，按照国家有关规定给予表彰、奖励。

条文注释

本条是关于国家鼓励单位和个人举报有组织犯罪，以及对举报或者在工作中作出突出贡献的单位和个人给予表彰、奖励的规定。

举报有组织犯罪，是指举报与有组织犯罪相关的行为，举报的对象既包括实施有组织犯罪的组织和个人，也包括有组织犯罪行为背后的"保护伞"。举报的形式是多样的：有关单位和个人可以亲自到有关部门举报，也可以通过信件、邮件、电话、网络平台举报；可以口头提出，也可以书面提出；举报可以实名，也可以匿名。

接收有组织犯罪举报的机关是不特定的：有关单位和个人可以向全国扫黑办、公安机关举报，也可以向人民法院、人民检察院以及有关主管部门举报。任何机关接到对有组织犯罪的举报的，都应当依法处理或者移送有关主管部门依法处理。

本条第2款规定的"在反有组织犯罪工作中作出突出贡献的单位和个人"，不仅包括有组织犯罪相关案件办理部门，如监察机关、人民法院、人民检察院、公安机关等单位及其工作人员，还包括负责有组织犯罪预防和治理工作的相关部门及其工作人员。负有相关职责的单位和个人在工作中作出突出贡献的，应当按照有关规定给予表彰、奖励。

"突出贡献"，是指对反有组织犯罪工作起到重要的促进作用，对反有组织犯罪工作进展有重大帮助，如提供了重要线索、在反有组织犯罪宣传教育方面成绩突出等情形。

关联法规

《宪法》第41条

《刑事诉讼法》第110~112条

《公务员法》第52条

第二章　预防和治理

第九条　【有组织犯罪的预防和治理工作】 各级人民政府和有关部门应当依法组织开展有组织犯罪预防和治理工作，将有组织犯罪预防和治理工作纳入考评体系。

村民委员会、居民委员会应当协助人民政府以及有关部门开展有组织犯罪预防和治理工作。

条文注释

本条是关于有组织犯罪的预防和治理工作的规定。

本条第1款所说的“各级人民政府”包括国务院和地方各级人民政府。“有关部门”，主要是指承担有组织犯罪预防和治理职责的相关部门，如全国扫黑除恶斗争领导小组及其办公室，地方各级党委和有关部门保留的相应领导和办事机构；监察机关、人民法院、人民检察院、公安机关、司法行政机关等监察机关、政法机关；教育、民政、市场监管、金融监管、自然资源、交通运输、电信网络、反洗钱等行业主管部门；移民管理、海关、海警等部门。

在有组织犯罪预防和治理工作中，各级人民政府和有关部门是职责主体，村民委员会、居民委员会应当在人民政府及有关部门的组织下，协助开展本法规定的相关预防和治理工作。本条第2款的规定主要是考虑到村民委员会、居民委员会是与人民群众联系最密切的基层组织，更加有便利条件开展有组织犯罪的预防和治理工作，这也是本法规定的反有组织犯罪工作坚持专门工作与群众路线相结合原则的具体体现。

关联法规

《村民委员会组织法》

《城市居民委员会组织法》

第十条 【反有组织犯罪的宣传教育】 承担有组织犯罪预防和治理职责的部门应当开展反有组织犯罪宣传教育，增强公民的反有组织犯罪意识和能力。

监察机关、人民法院、人民检察院、公安机关、司法行政机关应当通过普法宣传、以案释法等方式，开展反有组织犯罪宣传教育。

新闻、广播、电视、文化、互联网信息服务等单位，应当有针对性地面向社会开展反有组织犯罪宣传教育。

条文注释

本条是关于开展反有组织犯罪宣传教育的规定。

本条第1款规定的"承担有组织犯罪预防和治理职责的部门"，具体包括中央成立的全国扫黑除恶斗争领导小组及其办公室以及地方各级党委和有关部门保留的扫黑除恶领导和办事机构以及本法第2章规定的有关部门，如各级人民政府，监察机关、人民法院、人民检察院、公安机关、司法行政机关等监察机关、政法机关，教育、民政、市场监管、金融监管、自然资源、交通运输、电信网络、反洗钱、移民管理、海关、海警等部门，村民委员会、居民委员会等基层群众性自治组织。有关部门可以采用丰富多彩的形式开展反有组织犯罪宣传教育，包括发动新闻、宣传、文化等部门和工会、妇联、共青团等团体，通过播放有关题材的电视节目、举办展览、张贴宣传标语、表彰反黑恶势力组织犯罪先进集体和个人、组织志愿者到群众中间播放或者表演反黑恶势力组织犯罪剧目等群众喜闻乐见的各种形式，或者通过微信、微博、抖音等自媒体方式进行宣传。宣传教育的内容可以包括黑恶势力组织犯罪的根源、成因、表现形式以及危害后果,还可以包括国际国内的反黑恶势力组织犯罪形势;教育公民正确认识黑恶势力组织的本质,识别黑恶势力组织的方法,自觉抵制黑恶势力组织的渗透,提高识别黑恶势力组织的能力,熟知遭受黑恶势力组织犯罪侵害时的救济途径和措施以及实施黑恶势力组织犯罪的法律后果等内容。

本条第2款规定的"普法宣传"是普及法律常识宣传的简称,是我国在全体公民中进行大规模普及法律常识的宣传教育活动;旨在使全体公民增强法治观念,知法守法,养成依法办事的习惯。这里所说的"以案释法",主要是指监察官、法官、检察官、行政执法人员、律师以及其他有关人员在办理案件时,围绕案件事实、证据程序和法律适用等问题进行释法说理、开展法治宣传教育的活动。

本条第3款规定的"新闻、广播、电视、文化、互联网信息服务等单位"是从事新闻、广播、电视、文化、互联网信息服务的媒体等单位,而不是新闻、广播、电视、文化、互联网的主管部门。这里的"信息服务等单位"既包括电视、广播、报纸、杂志、户外广告牌等传统媒体,也包括博客、播客、视频、微信、抖音等新媒体。由于从事信息服务的媒体受众广泛,传播速度快,其传播内容有很强的影响力,充分运用这一阵地开展反有组织犯罪宣传教育十分必要。

第十一条　【教育行政部门、学校的义务】教育行政部门、学校应当会同有关部门建立防范有组织犯罪侵害校园工作机制,加强反有组织犯罪宣传教育,增强学生防范有组织犯罪的意识,教育引导学生自觉抵制有组织犯罪,防范有组织犯罪的侵害。

学校发现有组织犯罪侵害学生人身、财产安全,妨害校园及周边秩序的,有组织犯罪组织在学生中发展成员的,或者学生参加有组织犯罪活动的,应当及时制止,采取防范措施,并向公安机关和教育行政部门报告。

条文注释

本条是关于教育行政部门、学校建立防范有组织犯罪侵害校园工作机制，加强反有组织犯罪宣传教育，以及学校发现有组织犯罪侵害学生、在学生中发展成员或者学生参加有组织犯罪活动，应当如何处理的规定。

根据本条第1款的规定，教育行政部门、学校有两项职责：一是建立防范有组织犯罪侵害校园工作机制；二是加强反有组织犯罪宣传教育。这里的“会同有关部门建立防范有组织犯罪侵害校园工作机制”是指公安机关、人民检察院等有关部门配合教育行政部门、学校建立工作机制，以防止有组织犯罪侵害校园。工作机制涵盖的内容是多样的。如人民法院、人民检察院开展的法治进校园，在学校配置兼职“法治副校长”等活动；学校举办法治讲座、座谈会，组织学生走进青少年法治教育基地，走进公安机关、人民检察院、人民法院、司法所等机构，感受法律的实际运行。这些活动都起到了很好的宣传教育效果，有效地提高了学生的法律意识。

根据本条第2款的规定，学校发现有组织犯罪侵害学生，有组织犯罪组织在学生中发展成员或者学生参加有组织犯罪活动时，有如下义务：一是及时制止；二是采取防范措施；三是向公安机关和教育行政部门报告。“及时制止”，是指制止有组织犯罪侵害学生的行为继续发生，制止有组织犯罪组织继续在学生中发展成员，制止学生参加有组织犯罪活动。“采取防范措施”，是指防止学生继续遭受有组织犯罪侵害或者参与有组织犯罪活动的有关措施，如将学生带到安全区域，由专门人员对学生予以保护；不让黑恶组织成员接触学生；通知学生家长，由家长将学生带离校园等防范措施。“向公安机关和教育行政部门报告”，是指学校在制止有关违法犯罪行为的同时，还需要向公安机关和教育行政部门报告，由公安机关对违法犯罪行为依法作出处理，由教育行政部门对涉事学生进行妥善安排，以维护学生的最大利益。

关联法规

《未成年人保护法》第11条

《关于建立侵害未成年人案件强制报告制度的意见(试行)》

第十二条　【村(居)民委员会成员候选人资格审查制度】 民政部门应当会同监察机关、公安机关等有关部门,对村民委员会、居民委员会成员候选人资格进行审查,发现因实施有组织犯罪受过刑事处罚的,应当依照有关规定及时作出处理;发现有组织犯罪线索的,应当及时向公安机关报告。

条文注释

本条是关于民政部门会同有关部门对村民委员会、居民委员会成员候选人资格进行审查,并作出处理的规定。

本条对基层群众性自治组织选举中的联审机制作了规定,明确民政部门应当会同监察机关、公安机关等有关部门,对村民委员会、居民委员会成员候选人资格进行审查。在实践操作中,一般是由乡镇对候选人的资格进行初审,初审符合条件的,再由县级组织、民政部门联合监察、公安、人民检察院、人民法院、司法行政、信访等部门进行资格联审,符合条件的才能成为正式候选人,再由村(居)民选举产生村(居)民委员会成员。

根据本条规定,在民政部门会同监察机关、公安机关等有关部门对村(居)民委员会成员候选人进行资格审查的过程中,若发现有组织犯罪线索,应当及时向公安机关报告。公安机关收到线索后,应当依法进行线索分析、研判,若涉及有组织犯罪,由公安机关组织线索核查,发现犯罪事实或者犯罪嫌疑人的,依法立案侦查;若涉及职务违纪违法犯罪,公安机关可依法将线索移送纪检监察机关处理;若涉及有关行业领域的违法行为,公安机关也可依法将线索移送有关主管部门处理。

关联法规

《村民委员会组织法》第13、15条

《城市居民委员会组织法》第8条

《关于加强基层治理体系和治理能力现代化建设的意见》

第十三条　【行业预防治理的长效机制】市场监管、金融监管、自然资源、交通运输等行业主管部门应当会同公安机关，建立健全行业有组织犯罪预防和治理长效机制，对相关行业领域内有组织犯罪情况进行监测分析，对有组织犯罪易发的行业领域加强监督管理。

条文注释

本条是关于行业主管部门建立健全行业有组织犯罪预防和治理长效机制的规定。

本条规定的责任主体主要是市场监管、金融监管、自然资源、交通运输等行业主管部门和公安机关。需要注意的是，本条规定的责任主体不仅限于列举的上述部门，负责工程建设、生态环境、文化旅游、教育卫生、信息网络和社会治安等方面的住房城乡建设部门、生态环境部门、文化和旅游部门、教育部门和卫生健康部门、网信部门等行业主管部门都是本条规定的责任主体。另外，本条对公安机关在行业治理中的职责也作了规定，即公安机关应当与各行业主管部门共同建立健全预防和治理的长效机制。如针对“套路贷”违法犯罪，建立“放贷人名录”制度；建立行业整治回访制度；建立重点行业领域社会监督制度；对黑恶势力容易染指行业的从业人员加强备案管理等。

根据本条规定，相关行业领域的主管部门对本行业领域内的公司、企业、场所应当进行监测分析，对有组织犯罪易发的行业领域需要重点关注，及时发现问题，堵塞漏洞，防范黑恶势力组织犯罪。这里所说的“易发的行业领域”，主要是指过去曾经发生黑恶势力组织犯罪或者容易发生黑恶势力组织犯罪的重点行业领域，主要有金融放贷、工程建设、交通运输、市场流通、自然资源、生态环境、文化旅游、教育卫生、信息网络和社会治安等行业领域。

第十四条　【监察机关和政法机关的意见建议】监察机关、人民法院、人民检察院、公安机关在办理案件中发现行业主管部门有组织犯罪预防和治理工作存在问题的，可以书面向相关行业主管部门提出意见建议。相关行业主管部门应当及时处理并书面反馈。

条文注释

本条是关于监察机关和政法机关向行业主管部门提出意见建议的规定。

理解本条，需要注意以下几点：

（1）监察机关、人民法院、人民检察院、公安机关提出意见建议的前提必须是在办理案件中发现问题。办理案件，主要是指监察机关办理职务违法和职务犯罪案件；人民法院审判案件；人民检察院办理检察、批准逮捕、直接受理案件的侦查、提起公诉案件；公安机关办理侦查、拘留、执行逮捕、预审案件。

（2）监察机关、人民法院、人民检察院、公安机关发现的问题必须是有组织犯罪预防和治理工作中存在的问题。这里所说的“有组织犯罪预防和治理工作”，主要是指本法第2章第9条至第21条中涉及的有关规定，如金融放贷、工程建设、交通运输、市场流通、自然资源、生态环境、文化旅游、教育卫生、信息网络和社会治安等行业领域存在的突出问题和乱象，资源行业非法垄断，娱乐行业藏污纳垢等。

（3）监察机关、人民法院、人民检察院、公安机关可以书面向相关行业主管部门提出意见建议。这里所说的“书面向相关行业主管部门提出意见建议”，主要是指扫黑除恶专项斗争的“三书一函”，即监察机关的监察建议书、人民法院的司法建议书、人民检察院的检察建议书、公安机关的公安提示函。监察机关和政法机关应当坚持以案促治、以案促建、以案促改，不断提高制度执行力，真正让制度执行起来实用、管用、好用；通过“三书一函”，以堵塞行业监管漏洞、补齐社会治理短板为突破口和着力点，积极推进社会治理齐抓共管格局的创新实践。

第十五条 【重点区域、行业领域、场所的预防治理】公安机关可以会同有关部门根据本地有组织犯罪情况，确定预防和治理的重点区域、行业领域或者场所。

重点区域、行业领域或者场所的管理单位应当采取有效措施，加强管理，并及时将工作情况向公安机关反馈。

条文注释

本条是关于重点区域、行业领域或者场所的预防和治理的规定。

在扫黑除恶专项斗争中，为了突出重点、精准打击，2018年1月，最高人民法院、最高人民检察院、公安部、司法部发布《关于办理黑恶势力犯罪案件若干问题的指导意见》，规定了多个方面的重点地区、重点行业和重点领域。该意见规定，各级人民法院、人民检察院、公安机关和司法行政机关应聚焦黑恶势力犯罪突出的重点地区、重点行业和重点领域：(1)威胁政治安全特别是政权安全、制度安全以及向政治领域渗透的黑恶势力；(2)把持基层政权、操纵破坏基层换届选举、垄断农村资源、侵吞集体资产的黑恶势力；(3)利用家族、宗族势力横行乡里、称霸一方、欺压残害百姓的“村霸”等黑恶势力；(4)在征地、租地、拆迁、工程项目建设等过程中煽动闹事的黑恶势力；(5)在建筑工程、交通运输、矿产资源、渔业捕捞等行业、领域，强揽工程、恶意竞标、非法占地、滥开滥采的黑恶势力；(6)在商贸集市、批发市场、车站码头、旅游景区等场所欺行霸市、强买强卖、收保护费的“市霸”、“行霸”等黑恶势力；(7)操纵、经营“黄赌毒”等违法犯罪活动的黑恶势力；(8)非法高利放贷、暴力讨债的黑恶势力；(9)插手民间纠纷，充当“地下执法队”的黑恶势力；(10)组织或雇佣网络“水军”在网上威胁、恐吓、侮辱、诽谤、滋扰的黑恶势力；(11)境外黑社会入境发展渗透以及跨国跨境的黑恶势力。

各地方公安机关应当会同本地方的有关部门，根据本地方有组织犯罪的情况，确定本地方预防和治理的重点区域、行业领域或者场所。各地方确定的重点区域、行业领域或者场所并不一定是上述列举的重点区域、行业领域或者场所，应根据本地方的实际情况确定，同时应当根据实际情况的变化适时作出调整。

第十六条 【防范有组织犯罪信息的传播】电信业务经营者、互联网服务提供者应当依法履行网络信息安全管理义务，采取安全技术防范措施，防止含有宣扬、诱导有组织犯罪内容的信息传播；发现含有宣扬、诱导有组织犯罪内容的信息的，应当立即停止传输，采取消除等处置措施，保存相关记录，并向公安机关或者有关部门报告，依法为公安机关侦查有组织犯罪提供技术支持和协助。

网信、电信、公安等主管部门对含有宣扬、诱导有组织犯罪内容的信息，应当按照职责分工，及时责令有关单位停止传输、采取消除等处置措施，或者下架相关应用、关闭相关网站、关停相关服务。有关单位应当立即执行，并保存相关记录，协助调查。对互联网上来源于境外的上述信息，电信主管部门应当采取技术措施，及时阻断传播。

条文注释

本条是关于网络上含有宣扬、诱导有组织犯罪内容的信息如何处理的规定。

本条第1款规定了电信业务经营者和互联网服务提供者负有主动采取措施防止含有宣扬、诱导有组织犯罪内容的信息传播的义务。这里规定的电信业务经营者和互联网服务提供者，可统称为网络服务提供者。其中，“电信业务经营者”，是指网络运营商和接入服务商。网络运营商，是指基础电信运营商，即电信基础设施的运营者，如中国移动、中国联通、中国电信等运营商；接入服务商是向网络用户提供从用户终端到网络接入服务的主体，如各宽带业务经营者。“互联网服务提供者”,是指互联网内容提供者,如腾讯、新浪、搜狐、百度、字节跳动等互联网知名企业就是典型的互联网服务提供者。

电信业务经营者、互联网服务提供者应当按照网络安全等级保护制度的要求,采取安全技术防范措施,防止含有宣扬、诱导有组织犯罪内容的信息传播,主要是制定内部安全管理制度和操作规程,确定网络安全负责人,落实网络安全保护责任,也就是要建立相应的管理制度,包括网站安全保障制度、信息安全保密管理制度、用户信息安全管理制度等。

电信业务经营者、互联网服务提供者除履行网络安全管理义务外,还应当履行以下义务:(1)在提供服务过程中,应当对网上信息和网络日志信息记录进行备份和留存。(2)及时发现、处置违法信息并向有关部门报告。电信业务经营者、互联网服务提供者应当按照本法和有关规定,落实网络安全、信息内容监督制度和安全技术防范措施,防止含有宣扬、诱导有组织犯罪内容的信息传播。发现含有宣扬、诱导有组织犯罪内容的信息的,应当立即停止传输;在停止传输的同时,及时采取消除等处置措施,保存相关记录以备查询,防止上述信息继续在网络上出现,并向公安机关或者有关部门报告。

本条第2款规定了网信、电信、公安等主管部门按照职责分工对网络信息内容的监管以及有关单位的配合义务。网信、电信、公安等主管部门对含有宣扬、诱导有组织犯罪内容的信息,应当按照职责分工,及时责令有关单位停止传输、采取消除等处置措施,或者下架相关应用、关闭相关网站、关停相关服务。有关单位应积极配合。

关联法规

《网络安全法》第28、47~50、69条

《刑法》第286条之一

《电信条例》第56条

《互联网信息服务管理办法》第15条

第十七条 【反洗钱监管】国务院反洗钱行政主管部门、国务院其他有关部门、机构应当督促金融机构和特定非金融机构履行反洗钱义务。发现与有组织犯罪有关的可疑交易活动的，有关主管部门可以依法进行调查，经调查不能排除洗钱嫌疑的，应当及时向公安机关报案。

条文注释

本条是关于国务院反洗钱行政主管部门、国务院其他有关部门的监管和调查职责的规定。

本条规定的监管主体是国务院反洗钱行政主管部门及国务院其他有关部门、机构。这里的“国务院反洗钱行政主管部门”是指中国人民银行。“国务院其他有关部门、机构”，主要是指除中国人民银行以外的相关金融行业监督管理机构以及依法履行反洗钱义务的特定非金融机构的相关主管部门。根据我国有关法律规定，金融行业监督管理机构，包括国家金融监督管理总局、中国证券监督管理委员会等，相关机构应当在各自的职责范围内对银行、保险、证券及其他金融行业履行包括反有组织犯罪有关的反洗钱义务的情况进行监督管理。特定非金融机构的相关主管部门，主要是指依法履行反洗钱义务的其他相关机构的主管部门。

根据相关法律法规规定，金融机构和特定非金融机构的反洗钱义务主要包括以下内容：(1)建立健全反洗钱的内部控制制度；(2)建立客户身份识别制度，即在与客户建立业务关系或与其进行交易时，应当要求客户出示真实有效的身份证件或者其他身份证明文件，进行核对并登记；(3)建立客户身份资料和交易记录保存制度，包括在与客户业务关系存续期间，客户身份资料发生变更的，及时更新客户身份资料，将客户身份资料和交易信息保存一定时间；(4)建立大额交易和可疑交易报告制度，即在其经营过程中对经办的超过规定金额或者发现的可疑交易情形，应当及时向反洗钱信息中心报告，等等。

本条规定，发现与有组织犯罪有关的可疑交易活动的，有关主管部门可以依法进行调查。这里的“有关主管部门”，主要是指国务院反洗钱行政主管部门或者其省一级派出机构。经调查不能排除洗钱嫌疑的，应当及时向公安机关报案。

关联法规

《金融机构反洗钱规定》第8、9、11条

《金融机构大额交易和可疑交易报告管理办法》第11条

第十八条　【监管教育矫正和安置帮教】监狱、看守所、社区矫正机构对有组织犯罪的罪犯，应当采取有针对性的监管、教育、矫正措施。

有组织犯罪的罪犯刑满释放后，司法行政机关应当会同有关部门落实安置帮教等必要措施，促进其顺利融入社会。

条文注释

本条是关于对有组织犯罪的罪犯有针对性地进行监管、教育、矫正，采取安置帮教等措施促进其融入社会的规定。

结合现行立法规定和有组织犯罪的特点，对于有组织犯罪的罪犯在教育内容上应注重思想教育和法治道德方面的教育。

本条中的“有针对性”，主要包括以下方面：(1)有组织犯罪与其他普通犯罪相比，在影响力、危害性、主观恶性等方面均有所不同，罪犯的思想和情绪容易反复波动，易受其他犯罪成员态度的影响，再犯率高，在采取措施上要与其他普通的刑事犯罪有区分。(2)在组织内部，对于有组织犯罪的罪犯要结合其在犯罪集团中的地位、作用、是否为累犯、所判处刑期等因素综合考量；对于屡教不改、主观恶性强、认罪悔罪态度不积极的人员要重点关注，及时了解和掌握其思想动态。(3)监狱、看守所、社区矫正机构的监管对象不尽相同，对于不同的监管对象也要结合判处的刑罚、量刑情节、刑罚执行期间的表现等因素进行综合衡量；特别是社区矫正机构并非监禁刑的执行机构，对于罪犯的监管、教育、矫正的方式、程度等要与作为刑罚执行机构的监狱、看守所有所区分。

本条第2款规定安置帮教的主体为“司法行政机关应当会同有关部门”，即由司法行政机关牵头，鼓励各部门结合自身的职责和资源，积极发挥作用形成合力。这里的“有关部门”，主要包括公安、民政、人力资源和社会保障、财政、税务、共青团、妇联等部门。

关联法规

《监狱法》第4、62条

《社区矫正法》第36条

《看守所条例》第33条

第十九条 【个人财产及日常活动报告制度】对因组织、领导黑社会性质组织被判处刑罚的人员，设区的市级以上公安机关可以决定其自刑罚执行完毕之日起，按照国家有关规定向公安机关报告个人财产及日常活动。报告期限不超过五年。

条文注释

本条对于个人财产及日常活动报告制度，主要规定了以下四个方面的内容：

(1)适用的对象。本条规定的适用对象是因组织、领导黑社会性质组织犯罪被判处7年以上有期徒刑，并处没收财产的罪犯。因实施《刑法》规定的多个犯罪被数罪并罚的罪犯，所犯数罪中有一罪是组织、领导黑社会性质组织犯罪的，就可以适用本条规定的个人财产及日常活动报告制度。

本条规定对这些人员“可以”决定适用这一制度。根据这一规定，不是对所有因组织、领导黑社会性质组织被判处刑罚的人员都适用这一制度。公安机关应当会同刑罚执行机关，根据罪犯的犯罪情节、服刑期间改造表现对其社会危险性、再犯罪的可能性的评估，对确有必要在刑满释放后继续采取监督管理措施的，才决定适用这一制度。

(2)决定的主体。根据本条规定，决定适用个人财产及日常活动报告制度的主体是设区的市级以上公安机关，即设区的市、自治州、地区以上公安机关，包括省级公安机关和公安部。

(3)报告的内容。本条规定被公安机关决定适用报告制度的人员应当“按照国家有关规定向公安机关报告个人财产及日常活动”。“国家有关规定”，是指法律、行政法规、部门规章等国家层面的规定，包括本法和有关部门制定的配套规定。“个人财产”，是指个人拥有的存款、债券、股票、基金份额、房产、汽车等财产。特别应当注意的是，报告个人财产的变动情况，往往能够反映其在一定时期的社会活动。对报告人员财产变动的情况及时关注，有利于及时发现问题，予以处理。“日常活动”，是指个人重要的活动情况，如个人去向、从业情况、开办企业情况等。

(4)报告的期限。根据本条规定，报告的期限是刑罚执行完毕之日起不超过5年。这里规定的“刑罚执行完毕”，应当是指主刑执行完毕。不超过5年，是指报告的最长期限是5年，公安机关可以根据报告人员的具体情况在5年以下确定具体期限。

关联法规

《反有组织犯罪法》第70条

第二十条　【任职审查及监管】曾被判处刑罚的黑社会性质组织的组织者、领导者或者恶势力组织的首要分子开办企业或者在企业中担任高级管理人员的，相关行业主管部门应当依法审查，对其经营活动加强监督管理。

条文注释

本条是关于对曾被判处刑罚的黑社会性质组织的组织者、领导者或者恶势力组织的首要分子开办企业或者在企业中担任高级管理人员时从严审核的规定。

本条将法律的规制对象明确限定为组织者、领导者、首要分子。这样的规定一方面可以突出重点和关键，这部分人是有组织犯罪的核心力量，对组织者、领导者、首要分子作出限制规定有利于削弱犯罪组织的力量；另一方面可以避免干预和影响到其他参加人正常的生产经营活动，更好地帮助和促进其融入社会。值得注意的是，这里的组织者、领导者并不局限于黑社会性质组织的发起者、创建者，还包括在组织中实际处于领导地位，对于整个组织及其运行、活动起决策、指挥、协调、管理作用的犯罪分子。

这里的"高级管理人员"与《公司法》的规定基本一致。根据《公司法》第265条第1项的规定，高级管理人员，是指公司的经理、副经理、财务负责人，上市公司董事会秘书和公司章程规定的其他人员。这部分人员主要是对公司内部经营管理负有重要职责的人员，通常对公司内部的重要决策具有主导作用，或者直接经手和掌握公司经济收益等核心经营信息。

关联法规

《市场主体登记管理条例》第12条

《公司法》第178条

第二十一条　【境外黑社会组织入境管理】 移民管理、海关、海警等部门应当会同公安机关严密防范境外的黑社会组织入境渗透、发展、实施违法犯罪活动。

出入境证件签发机关、移民管理机构对境外的黑社会组织的人员，有权决定不准其入境、不予签发入境证件或者宣布其入境证件作废。

移民管理、海关、海警等部门发现境外的黑社会组织的人员入境的，应当及时通知公安机关。发现相关人员涉嫌违反我国法律或者发现涉嫌有组织犯罪物品的，应当依法扣留并及时处理。

条文注释

本条是关于防范境外黑社会组织入境渗透而采取的出入境管理方面的限制和措施的规定。

关于出入境监督管理的机关主要是移民管理、海关、海警及公安机关等。移民管理、海关、海警等部门主要涉及日常出入境管理工作，容易在日常监管工作中及时发现线索，及时会同公安机关采取相应措施。海关是国家进出关境的监督管理机关，负责监管进出境的运输工具、货物、行李物品、邮递物品和其他物品，查缉走私。海关在行使职权的过程中，如果发现境外黑社会组织人员和有关犯罪物品，应依照《海关法》予以扣留。国家移民管理局管理全国出入境边防检查机构、边境管理机构各项工作，负责入境许可签发管理、出入境边防检查，牵头协调非法入境，查处妨害国（边）境管理等违法犯罪行为。根据《出境入境管理法》的规定，移民管理局可以对交通工具的出境进行检查。

对于移民管理、海关、海警等部门发现的境外黑社会组织的人员，公安机关在接到通知后应根据线索和有关证据情况，依照我国法律程序进行扣留和处置。这里的“扣留”是海关、国家移民管理局等边防检查机关依法采取的一种临时性强制措施。在对涉嫌违反我国法律的黑社会性质组织人员或者涉嫌有组织犯罪物品进行调查核实后，若涉嫌犯罪，应移送公安机关或者国家安全机关；认为上述情况并不属实的，应对有关人员予以释放并取消入境限制或将物品返还，保障其合法权益。

关联法规

《反恐怖主义法》第39、40条

《出境入境管理法》第21、25、59、60条

第三章　案件办理

第二十二条　【案件办理原则和刑事政策】办理有组织犯罪案件，应当以事实为根据，以法律为准绳，坚持宽严相济。

对有组织犯罪的组织者、领导者和骨干成员，应当严格掌

握取保候审、不起诉、缓刑、减刑、假释和暂予监外执行的适用条件，充分适用剥夺政治权利、没收财产、罚金等刑罚。

有组织犯罪的犯罪嫌疑人、被告人自愿如实供述自己的罪行，承认指控的犯罪事实，愿意接受处罚的，可以依法从宽处理。

条文注释

本条是关于有组织犯罪案件的办理原则和刑事政策的规定。

“以事实为根据”是我国长期以来刑事诉讼的一条重要经验，是正确惩治犯罪、防止错案，保障无罪的人不受追究的重要原则。对于黑社会性质组织和恶势力组织犯罪不能因为其主观恶性强，人民群众深恶痛绝就夸大事实甚至歪曲事实。“以法律为准绳”，是指人民法院、人民检察院和公安机关办理刑事案件，必须以法律为标准。这里的法律包括《刑法》《刑事诉讼法》《人民法院组织法》《人民检察院组织法》《监狱法》等有关规定。以事实为根据，以法律为准绳，是正确处理案件不可分割的两个方面，两者相互联系、缺一不可。

宽严相济刑事政策是党中央在构建社会主义和谐社会新形势下提出的一项重要政策，是我国的基本刑事政策。有组织犯罪作为众多刑事犯罪中的类型之一，也适用宽严相济的刑事政策，实践中要根据犯罪的具体情况，做到该宽则宽，当严则严，宽严相济，罚当其罪。

本条第 2 款对有组织犯罪的主要人员严格适用不起诉、减刑、假释等制度，充分适用资格刑、财产刑等作出规定。我国《刑法》中对部分黑社会性质组织犯罪分子可以限制减刑或不得假释有相关规定。如第 50 条第 2 款规定，对被判处死刑缓期执行的累犯以及因故意杀人、强奸、抢劫、绑架、放火、爆炸、投放危险物质或者有组织的暴力性犯罪被判处死刑缓期执行的犯罪分子，人民法院根据犯罪情节等情况可以同时决定对其限制减刑。第 81 条第 2 款规定，对有组织的暴力性犯罪被判处 10 年以上有期徒刑、无期徒刑的犯罪分子，不得假释。

认罪认罚从宽制度是宽严相济刑事政策的重要方面。适用认罪认罚要有“认罪”“认罚”两个方面的态度和行为。认罪，主要是指犯罪嫌疑人、被告人自愿如实供述自己的罪行，承认指控的犯罪事实，是一种积极主动的认罪态度。认罚，主要是指真诚悔罪，接受处罚。从宽，包括实体上的从宽和程序上的从宽。实体上的从宽，主要是自首、坦白等具有认罪认罚性质的情节，可以在检察机关的量刑建议中作为量刑依据；程序上的从宽，主要是结合有组织犯罪人员的行为性质、情节、危害等，可以采取取保候审、监视居住等措施。在落实认罪认罚从宽的同时必须坚持《刑法》《刑事诉讼法》的基本原则。

关联法规

《刑事诉讼法》第6、15条

《关于办理黑恶势力犯罪案件若干问题的指导意见》

第二十三条 【利用网络、“软暴力”手段实施黑恶犯罪的认定】利用网络实施的犯罪，符合本法第二条规定的，应当认定为有组织犯罪。

为谋取非法利益或者形成非法影响，有组织地进行滋扰、纠缠、哄闹、聚众造势等，对他人形成心理强制，足以限制人身自由、危及人身财产安全，影响正常社会秩序、经济秩序的，可以认定为有组织犯罪的犯罪手段。

条文注释

本条是关于利用网络、“软暴力”手段实施黑恶犯罪的，可以认定为有组织犯罪的规定。

本条第1款对利用网络实施犯罪的认定作了原则性规定。这里的“利用网络实施的犯罪”，是指以网络作为工具实施犯罪。如利用信息网络威胁他人、强迫交易；利用信息网络威胁、要挟他人，索取公私财物；利用信息网络辱骂、恐吓他人等。根据《刑法》等有关规定，对于上述行为，应当依照行为人实施的具体犯罪，如强迫交易罪、敲诈勒索罪、寻衅滋事罪等追究刑事责任。这里规定的“符合本法第二条规定”是指符合组织、领导、参加黑社会性质组织犯罪，黑社会性质组织实施的犯罪，以及恶势力组织实施的犯罪这三种有组织犯罪中的任何一种犯罪的构成条件。根据本款规定，利用网络实施犯罪，符合本法第 2 条规定的，应当认定为有组织犯罪。

本条第 2 款是关于利用“软暴力”实施黑恶犯罪，可以认定为有组织犯罪的犯罪手段的规定。“软暴力”，是指为谋取非法利益或者形成非法影响，有组织地进行滋扰、纠缠、哄闹、聚众造势等，对他人形成心理强制，足以限制人身自由、危及人身财产安全，影响正常社会秩序、经济秩序的行为。“软暴力”的行为方式呈现多样化的态势，涵括了滋扰、纠缠、哄闹、聚众造势等常见手段，并且多种行为方式经常同时使用。“滋扰、纠缠”一般表现为跟踪骚扰，长期干扰对方的工作生活，扰乱他人的生活设施和环境，使对方处于不安中。“哄闹、聚众造势”一般表现为通过集体的行为影响他人的正常工作生活，如穿着统一的服装、佩戴黑恶势力的标识、露出文身、摆出固定的“造型”，摆场造势，在现场哄闹，暗示自己具有一定的黑恶势力背景，以形成非法影响，使对方不敢反抗。

“软暴力”行为不具有直观上的暴力伤害，但一般会以硬暴力、暴力威胁为依托，硬暴力随时可能付诸实施，使他人因畏惧而不敢、不能反抗、举报或者控告，对他人形成心理强制。关于黑社会性质组织的行为特征，《刑法》第 294 条第 5 款第 3 项将其规定为“以暴力、威胁或者其他手段，有组织地多次进行违法犯罪活动，为非作恶，欺压、残害群众”，这里的“其他手段”包括本条规定的“软暴力”手段。关于恶势力组织的行为特征，本法第 2 条第 2 款将其规定为“以暴力、威胁或者其他手段，在一定区域或者行业领域内多次实施违法犯罪活动，为非作恶，欺压群众”，这里的“其他手段”也包括本条规定的“软暴力”手段。

对于通过信息网络或者通讯工具实施“软暴力”行为，如组织或雇佣网络“水军”，操纵虚假言论，捏造虚假信息、炒作负面新闻，侮辱、诽谤、滋扰他人，索要删帖“保护费”等，符合“软暴力”的认定标准的，也应当依法认定为有组织犯罪的犯罪手段。

关联法规

《关于办理利用信息网络实施黑恶势力犯罪刑事案件若干问题的意见》

《关于办理实施“软暴力”的刑事案件若干问题的意见》

第二十四条　【线索收集处置】公安机关应当依法运用现代信息技术，建立有组织犯罪线索收集和研判机制，分级分类进行处置。

公安机关接到对有组织犯罪的报案、控告、举报后，应当及时开展统计、分析、研判工作，组织核查或者移送有关主管机关依法处理。

条文注释

本条是关于有组织犯罪线索收集处置的规定。

本条第1款中的“现代信息技术”是广义上的概念，目前信息技术手段日新月异，具体而言，包括但不限于计算机技术和通信技术在内的传感技术、计算机与技能技术、通信技术和控制技术等。“分级分类进行处置”，主要是在对报案、控告、举报内容分析研判的基础上，筛查出有效线索和信息，根据重要性、紧迫性、危害性、涉密性等作进一步分级处理，对于线索和信息内容涉及的有组织犯罪的类型、罪名等作初步研判，为下一步移送到对应有管辖权的机关作前置处理。

公安机关接到对有组织犯罪的报案、控告、举报后，进行分析研判，对于属于案件线索或有利于有组织犯罪案件侦破的信息，及时移送有关主管机关依法处理。有组织犯罪案件包括特殊职务身份的案件和其他刑事案件。因此，在移送机关上应根据不同主管机关的案件管辖范围对应移送，刑事案件立案侦查的机关目前主要包括公安机关、纪检监察机关、检察机关和国家安全机关。对于贪污贿赂等公职人员犯罪的案件主要由纪检监察机关立案侦查，有组织犯罪中涉及的危害国家安全的刑事案件由国家安全机关立案。公安机关在对报案、控告、举报内容进行分析研判后根据线索的类别和案件类型对应移交有管辖权的机关。

关联法规

《反恐怖主义法》第77条

《国家安全法》第53条

第二十五条 【国家机关线索移送】 有关国家机关在履行职责时发现有组织犯罪线索，或者接到对有组织犯罪的举报的，应当及时移送公安机关等主管机关依法处理。

条文注释

本条是关于有关国家机关发现线索或者接到举报的移送处理的规定。

本法第6条对监察机关、人民法院、人民检察院、公安机关、司法行政机关以及其他有关国家机关根据分工相互配合作出规定。在打击惩治黑恶势力犯罪中，各部门应当相互配合，既要做好线索发现和收集的前端工作，也不放松案件侦破和降低损失的后续环节。2019年10月，国家监察委员会、最高人民法院、最高人民检察院、公安部、司法部发布《关于在扫黑除恶专项斗争中分工负责、互相配合、互相制约严惩公职人员涉黑涉恶违法犯罪问题的通知》，对监察机关、公安机关、人民检察院、人民法院、司法行政机关发现有组织犯罪线索的移送作出明确规定。此外，本法第13条规定，市场监管、金融监管、自然资源、交通运输等行业主管部门应当会同公安机关对行业领域内有组织犯罪情况进行监测分析，并加强治理。因此，这些行业监管部门在监督管理过程中发现有组织犯罪的线索、情况等应及时移送公安机关等部门，做好行政管理与刑事侦查的衔接。

第二十六条 【线索调查和信息收集】公安机关核查有组织犯罪线索,可以按照国家有关规定采取调查措施。公安机关向有关单位和个人收集、调取相关信息和材料的,有关单位和个人应当如实提供。

条文注释

本条是关于公安机关在核查有组织犯罪线索时,有关单位和个人应如实提供信息和材料的规定。

公安机关是刑事案件侦破的主力军,公安机关依据职责和权限在核查线索时采取调查措施,对于准确查清事实、对线索进行研判和案件侦破都具有重大意义。理解适用本条,需要注意以下两个问题:

一是,公安机关在向有关单位和个人调查核实要求提供信息、资料时,要注意对个人信息的保护。一方面,调查核实的信息和内容不得超出有组织犯罪线索有关的内容,更不得以此为借口非法获取个人信息。另一方面,对于收集到的个人信息要注意存储和隐私保护,防止泄露或者被他人非法使用。

二是,对"有关单位和个人应当如实提供"中"如实"的理解。黑社会性质组织和恶势力组织是有组织犯罪,犯罪行为持续,犯罪对象分散,因此需要核实的线索和信息较多。被询问人向公安机关提供的信息和材料要客观、真实,不能将道听途说的信息及编造或者夸大的信息作为真实信息提供,更不能伪造虚假的信息或者材料。如果是明知有组织犯罪成员实施的行为而故意提供假的信息或材料,构成犯罪的,依法追究刑事责任。

关联法规

《反恐怖主义法》第51条

第二十七条 【查询财产信息和紧急止付、临时冻结、临时扣押的紧急措施】公安机关核查有组织犯罪线索,经县级以上公安机关负责人批准,可以查询嫌疑人员的存款、汇款、债券、股票、基金份额等财产信息。

公安机关核查黑社会性质组织犯罪线索,发现涉案财产有灭失、转移的紧急风险的,经设区的市级以上公安机关负责人批准,可以对有关涉案财产采取紧急止付或者临时冻结、临时扣押的紧急措施,期限不得超过四十八小时。期限届满或者适用紧急措施的情形消失的,应当立即解除紧急措施。

条文注释

根据本条第1款的规定,公安机关查询嫌疑人员的财产信息,应当是核查有组织犯罪线索的需要,所要查询的财产必须是嫌疑人员的财产。通过查询嫌疑人员的存款、汇款、债券、股票、基金份额等财产信息,可以发现新的犯罪线索,有利于案件的进一步调查处理。公安机关查询嫌疑人员的财产信息,有关单位和个人应当予以配合,为查询工作提供方便,提供协助,不得阻碍。为防止权力被滥用,本款对适用的审批程序作了规定,要求经县级以上公安机关负责人批准,才能采取该措施。在司法实践中,还应当注意保护有关单位和个人的合法财产权益,除了本条第2款规定的情形外,查询财产信息之后需采取进一步查封、扣押、冻结措施的,得在刑事立案之后根据《刑事诉讼法》的有关规定进行。

值得注意的是,对于嫌疑人员的财产信息,本条第1款只列举了实践中常见的存款、汇款、债券、股票、基金份额五种形式,对于房产、车辆等财产信息,公安机关也可以查询,房管、车管部门应当配合协助。

根据本条第2款的规定,公安机关核查黑社会性质组织犯罪线索,发现涉案财产有灭失、转移的紧急风险的,可以依法采取紧急止付或者临时冻结、临时扣押的紧急措施。同时,考虑到这一措施涉及对企业、公民的财产权的限制,本条第2款也对此作了严格限制:

(1)这些措施适用于立案前的线索核查阶段,且只针对黑社会性质组织犯罪。(2)涉案财产有灭失、转移的紧急风险,认定时需要公安机关根据具体案件情况作出判断,如发现涉黑组织通过专业的手法洗钱,把大额的涉案资金转往境外,或者将涉案资金用来赌博挥霍等,可以综合考虑案件情况判定涉案财产有灭失、转移的紧急风险。(3)须经设区的市级以上公安机关负责人批准,才可以采取上述紧急措施,这主要是为了对该项权力在程序上进一步进行制约。为避免过度执法,对企业经营造成影响,本款对公安机关批准的层级进行了限制。(4)期限不得超过48小时;期限届满或者紧急情形消失的,应当立即解除紧急措施。在这48小时期间,公安机关可以进一步进行线索核查,发现犯罪事实或者犯罪嫌疑人的,应当依照《刑事诉讼法》的规定立案侦查,之后就可以依照《刑事诉讼法》的规定采取扣押、冻结措施。无论案件情况如何,期限届满或者紧急情形消失的,都应当立即解除紧急措施。适用紧急措施的情形消失的,即便期限没有届满,公安机关也应当及时解除紧急措施。

关联法规

《公安机关办理刑事案件程序规定》第174条

第二十八条 【立案侦查】公安机关核查有组织犯罪线索,发现犯罪事实或者犯罪嫌疑人的,应当依照《中华人民共和国刑事诉讼法》的规定立案侦查。

条文注释

本条是关于对核查有组织犯罪线索过程中应当依法立案侦查的规定。理解本条需注意以下几点:

第一,本条适用强调的是"公安机关"在核查有组织犯罪线索工作过程当中发现有组织犯罪的,应当依法立案侦查。公安机关核查的有组织犯罪线索包括来自自身发现、有关部门移送或者群众举报等。根据本法第26条、第27条的规定,公安机关核查有组织犯罪线索,可以按照国家有关规定采取调查措施。公安机关向有关单位和个人收集、调取相关信息和材料的，有关单位和个人应当如实提供。公安机关核查有组织犯罪线索，经县级以上公安机关负责人批准，可以查询嫌疑人员的存款、汇款、债券、股票、基金份额等财产信息。通过上述有关核查措施，有利于发现犯罪事实或者犯罪嫌疑人，做到依法立案。

第二，在核查线索过程中，发现犯罪事实或者犯罪嫌疑人的，应当依照《刑事诉讼法》的规定立案侦查。《刑事诉讼法》第109条规定："公安机关或者人民检察院发现犯罪事实或者犯罪嫌疑人，应当按照管辖范围，立案侦查。"立案是刑事诉讼活动开始的标志。本条规定的立案侦查条件与《刑事诉讼法》规定的情形一致。具有发现犯罪事实或者发现犯罪嫌疑人两种情形之一的，即应立案，并不要求二者都具备。一些情况下，只有依法立案后才能进一步采取有关侦查措施，才能查证犯罪。因此对于发现涉嫌犯罪线索，符合《刑事诉讼法》规定的立案侦查条件的，应当及时依法立案。对公安机关的刑事案件侦查权，《刑事诉讼法》作了明确规定，对于案件应由哪个具体公安机关侦查，可根据案件发生地、造成的社会影响、复杂程度等因素确定。

关联法规

《刑事诉讼法》第113条

《公安机关办理刑事案件程序规定》第15、29、30条

第二十九条　【限制出境措施】公安机关办理有组织犯罪案件，可以依照《中华人民共和国出境入境管理法》的规定，决定对犯罪嫌疑人采取限制出境措施，通知移民管理机构执行。

条文注释

本条是关于公安机关可以依法采取限制出境措施的规定。

限制出境措施是依法惩治一些严重犯罪或者涉外犯罪的有效控制性手段，特别是对贪污贿赂、失职渎职、电信网络诈骗、有组织犯罪等，防止这些违法犯罪分子外逃是实现追究法律责任的重要环节。公安机关在办理有组织犯罪案件过程中，采取限制出境措施的

条件和程序应当以《出境入境管理法》及其相关配套规定为依据。

公安机关决定采取限制出境措施后，应当及时通知移民管理机构执行，保证决定及时落地，防范被限制出境的有组织犯罪人员出境。移民管理机构，是指国家和地方移民管理部门。通知和执行的具体程序和操作办法按照有关部门相应规定和要求进行。

关联法规

《出境入境管理法》第12条

《监察法》第30条

《反恐怖主义法》第39条

第三十条　【羁押措施】对有组织犯罪案件的犯罪嫌疑人、被告人，根据办理案件和维护监管秩序的需要，可以采取异地羁押、分别羁押或者单独羁押等措施。采取异地羁押措施的，应当依法通知犯罪嫌疑人、被告人的家属和辩护人。

条文注释

本条是关于对有组织犯罪的犯罪嫌疑人、被告人可以采取异地羁押、分别羁押或者单独羁押等羁押措施的规定。

本条规定可以从以下几个方面理解：

采取异地羁押、分别羁押或者单独羁押等措施的对象是有组织犯罪案件的犯罪嫌疑人、被告人。有组织犯罪依照本法相关规定确定和认定，对本条规定的异地羁押、分别羁押或者单独羁押等措施不得扩大适用。

对犯罪嫌疑人、被告人一般采取在当地看守所羁押；对有组织犯罪案件的犯罪嫌疑人、被告人可以采取异地羁押，包括跨市县、跨省羁押措施。本法第35条第2款还对异地执行刑罚作了规定，黑社会性质组织的组织者、领导者或者恶势力组织的首要分子被判处10年以上有期徒刑、无期徒刑、死刑缓期2年执行的，应当跨省、自治区、直辖市异地执行刑罚。采取异地羁押措施的，应当依法通知犯罪嫌疑人、被告人的家属和辩护人。

分别羁押，是指对同一有组织犯罪案件的犯罪嫌疑人、被告人根据人员情况将他们分别羁押在不同看守所或者不同监舍，将他们在看守所的室外活动分开进行，不能接触，避免他们互相联系而串供。单独羁押，是指对犯罪嫌疑人、被告人在单独监舍一个人隔离进行羁押；这既是维护监管秩序、防范危险行为的需要，也是有效、彻底防范串供、通风报信的需要。根据最高人民法院、最高人民检察院、公安部、司法部《关于办理黑社会性质组织犯罪案件若干问题的规定》，对于组织、领导黑社会性质组织的犯罪嫌疑人、被告人，有条件的地方应当单独羁押。

关联法规

《反恐怖主义法》第 29 条

《看守所条例》第 14 条

《关于办理黑社会性质组织犯罪案件若干问题的规定》第 8 条

《人民检察院刑事诉讼规则》第 304 条

第三十一条　【特殊侦查措施】公安机关在立案后，根据侦查犯罪的需要，依照《中华人民共和国刑事诉讼法》的规定，可以采取技术侦查措施、实施控制下交付或者由有关人员隐匿身份进行侦查。

条文注释

本条是关于特殊侦查措施的规定。

对有组织犯罪立案侦查后，根据侦查犯罪的需要，可以依照《刑事诉讼法》的规定采取有关特殊侦查措施。公安机关采取本条规定的有关特殊侦查措施必须在立案后；对于在刑事立案以前，或者在调查核查阶段，未依法立案的有组织犯罪案件不得采取本条规定的特殊侦查措施。

技术侦查措施，是指侦查机关为侦查犯罪需要，根据国家有关规定采取的一种特殊侦查措施，包括记录监控、行踪监控、通信监控、场所监控等措施，如电子侦听、电话监听、电子监控、秘密拍照或者秘密录像、秘密获取某些物证、邮件检查等专门技术手段。技术侦查措施的适用对象是犯罪嫌疑人、被告人以及与犯罪活动直接关联的人员。采取技术侦查措施是打击犯罪的需要,同时会涉及公民、组织的基本权利;因此,《刑事诉讼法》对采取技术侦查措施的批准、时限、获取的证据使用、保密等作了明确规定,对有组织犯罪采取技术侦查措施时同样必须遵守这些规定。

控制下交付,主要是指侦查机关在发现非法或可疑交易后,在对交易活动进行秘密监控的情况下,允许非法、可疑物品或者用于犯罪的货币继续流转,从而查明参与该项犯罪的人员,彻底查清该案件。实施控制下交付主要是针对涉及给付毒品等违禁品或者财物的犯罪活动。是否实施控制下交付,应当由侦查机关根据侦查犯罪的需要决定。

由于有组织犯罪组织严密,内部分工明确,犯罪集团的组织者、领导者往往不直接参与具体的犯罪行为,而只是在幕后策划、操纵、指挥,采取一般的侦查手段往往无法彻底查明整个犯罪。在这种情况下就需要侦查人员或者侦查机关选定的人员隐匿真实身份,接近犯罪组织或者打入犯罪组织内部以获取犯罪证据。在实施隐匿身份侦查过程中,不得诱使他人产生犯罪意图,不得采取可能危害公共安全或者发生重大人身危险的方法。采取隐匿身份侦查的"有关人员",既包括公安机关的侦查人员,也包括侦查机关指派的适宜进行隐匿身份实施侦查的其他人员。

关联法规

《刑事诉讼法》第 150～154 条

《公安机关办理刑事案件程序规定》第 263～273 条

第三十二条 【分案处理情形】犯罪嫌疑人、被告人检举、揭发重大犯罪的其他共同犯罪人或者提供侦破重大案件的重要线索或者证据,同案处理可能导致其本人或者近亲属有人身危险的,可以分案处理。

条文注释

本条是关于对有组织犯罪案件进行分案处理情形的规定。

分案处理的重要原因是同案处理可能导致其本人或者近亲属有人身危险。在有组织犯罪的犯罪嫌疑人、被告人检举、揭发重大犯罪或者提供有关重要线索、证据侦破案件的情况下,同案审判就容易暴露,其他有组织犯罪成员就会知道犯罪嫌疑人、被告人的有关检举、揭发或者立功行为。由于有组织犯罪往往具有一定的组织机构和影响力,隐蔽性也较强,即使一些成员被定罪处理,社会上可能还存在其他犯罪成员,使犯罪组织一时难以瓦解。检举、揭发或者有关立功人员暴露后,会对其本人或者近亲属造成人身危险。同案处理是否会对本人或者近亲属造成人身危险,由办案机关具体确定。

需要注意的是,分案处理在证据标准和程序方面同样必须依法进行,不得影响案件公正处理。如果分案处理可能影响证据认定和案件侦查、审查起诉和审判顺利进行,就应当根据实际情况审慎进行。对于因办案需要等不宜作分案处理的,为了更好地保护本条规定对象的人身安全,在同案处理时可依照《刑事诉讼法》第 64 条的规定采取有关保护措施等,如采取不暴露外貌、真实声音等出庭作证措施。

关联法规

《关于办理黑恶势力犯罪案件若干问题的指导意见》第 35 条

《关于规范刑事案件“另案处理”适用的指导意见》

《关于适用〈中华人民共和国刑事诉讼法〉的解释》第 220、404 条

《关于办理利用信息网络实施黑恶势力犯罪刑事案件若干问题的意见》第 16 条

第三十三条 【从宽处罚情形】犯罪嫌疑人、被告人积极配合有组织犯罪案件的侦查、起诉、审判等工作,有下列情形之一的,可以依法从宽处罚,但对有组织犯罪的组织者、领导者应当

严格适用：

（一）为查明犯罪组织的组织结构及其组织者、领导者、首要分子的地位、作用提供重要线索或者证据的；

（二）为查明犯罪组织实施的重大犯罪提供重要线索或者证据的；

（三）为查处国家工作人员涉有组织犯罪提供重要线索或者证据的；

（四）协助追缴、没收尚未掌握的赃款赃物的；

（五）其他为查办有组织犯罪案件提供重要线索或者证据的情形。

对参加有组织犯罪组织的犯罪嫌疑人、被告人不起诉或者免予刑事处罚的，可以根据案件的不同情况，依法予以训诫、责令具结悔过、赔礼道歉、赔偿损失，或者由主管部门予以行政处罚或者处分。

条文注释

本条是关于对具有有关情形的有组织犯罪的犯罪嫌疑人、被告人可以依法从宽处罚和依法予以非刑事处罚的规定。

一般而言，对有组织犯罪应当严厉惩处，这是总体精神；但对于有组织犯罪的不同人员，根据其配合、立功等情形依法从宽处罚也是必要的。本条明确列举一些从宽处罚的情形，目的是明确这些情形应当依法从宽处罚，同时也排除、限定了随意酌定从宽处罚的其他情形的适用。

本条第1款规定了五种可以依法从宽处罚的情形，但同时规定，对有组织犯罪的组织者、领导者应当严格适用。这样规定主要是考虑有组织犯罪的组织者、领导者罪行重大，是有组织犯罪的重点惩治对象，一般情况下相对其他有组织犯罪成员，组织者、领导者应当严厉处罚。但也不是不能适用，只是相对于其他人员在适用条件和标准的把握上应当更为严格。如果有组织犯罪的组织者、领导者具有本条第1款规定的五种情形，且属于为特别重大案件提供重要线索、关键证据，从而得以及时侦破重大案件、挽回重大损失的，可以考虑根据案件情况依法从宽处理。

本条2款是关于对不予刑事处罚的犯罪嫌疑人、被告人可依法给予非刑事处罚、行政处罚或者处分的规定。训诫，是对犯罪人进行公开谴责的一种教育方法。责令具结悔过，是责令其用书面方式保证悔改、不再重犯。责令赔礼道歉，是责令其承认错误，向被害人表示歉意的教育方法。对于因被告人的犯罪行为遭受经济损失的被害人，可以责令被告人给予被害人一定经济赔偿。处分，是指犯罪分子的所在单位或者基层组织，依照法律、规章制度，对免予刑事处罚的人员予以党纪政纪处分，如开除、记过、警告等。

关联法规

《刑法》第37、67～68条

《公安机关反有组织犯罪工作规定》第44、68条

《关于办理黑恶势力犯罪案件若干问题的指导意见》第35条

第三十四条 【对黑社会性质组织人员的财产处罚】对黑社会性质组织的组织者、领导者，应当依法并处没收财产。对其他组织成员，根据其在犯罪组织中的地位、作用以及所参与违法犯罪活动的次数、性质、违法所得数额、造成的损失等，可以依法并处罚金或者没收财产。

条文注释

本条是关于对黑社会性质组织人员予以合适的财产处罚的规定。

本条规定的黑社会性质组织的“组织者”，是指倡导、发起、策划、建立黑社会性质组织的人员；黑社会性质组织的“领导者”，是指在黑社会性质组织中处于领导地位，对该组织的活动进行策划、决策、指挥、协调的人员。黑社会性质组织的组织者、领导者在黑社会性质组织的活动中处于核心地位，根据案件相关证据的情况一般可

以认定为犯罪集团的首要分子。

本条规定的“应当依法并处没收财产”是对黑社会性质组织的组织者、领导者判处财产刑的依据。这里的“依法”，主要是依据《刑法》第294条的规定，对组织、领导黑社会性质的组织的，处7年以上有期徒刑，并处没收财产。这里的“并处没收财产”，是指对黑社会性质组织的组织者、领导者在判处主刑的同时，并处没收财产的附加刑。根据《刑法》第59条的规定，没收财产是没收犯罪分子个人所有财产的部分或者全部。没收全部财产的，应当对犯罪分子个人及其扶养的家属保留必需的生活费用。在判处没收财产的时候，不得没收属于犯罪分子家属所有或者应有的财产。《刑法》第60条规定，没收财产以前犯罪分子所负的正当债务，需要以没收的财产偿还的，经债权人请求，应当偿还。

理解适用本条应当注意的是，对涉及黑社会性质组织犯罪的被告人，除主刑需要符合罪责刑相适应原则外，财产刑作为附加刑也应当考虑其在犯罪组织中的地位、作用以及所参与违法犯罪活动的次数、性质、违法所得数额、造成的损失等，要与行为人造成的社会危害性相一致，与主刑的定罪量刑相匹配。

关联法规

《刑法》第64条

《关于办理黑恶势力刑事案件中财产处置若干问题的意见》

第三十五条　【对有组织犯罪的罪犯从严管理】对有组织犯罪的罪犯，执行机关应当依法从严管理。

黑社会性质组织的组织者、领导者或者恶势力组织的首要分子被判处十年以上有期徒刑、无期徒刑、死刑缓期二年执行的，应当跨省、自治区、直辖市异地执行刑罚。

条文注释

本条是关于对有组织犯罪的罪犯从严管理的规定。

本条第1款规定的“应当依法从严管理”，主要包括以下内容：

(1)执行机关应当对罪犯的管理和处遇依法从严。这里的“执行机关”,根据法院判决的刑罚不同,分别涉及监狱、看守所、公安机关、人民法院、社区矫正机构等执行刑罚的机关。实践中,对罪犯分级处遇,有的地方根据罪犯的改造情况划分为严管级、考察级、普管级、宽管级四类,处遇内容逐级放宽。对于有组织犯罪的罪犯,在与一般性犯罪的罪犯同样的条件下,就不应具有与一般罪犯一样甚至更为宽缓的处遇等级、待遇等。

(2)执行机关应当在减刑、假释、暂予监外执行等方面依法从严管理。减刑、假释、暂予监外执行等特殊的刑罚执行制度需从严做好实质审查工作。根据2021年最高人民法院、最高人民检察院、公安部、司法部发布的《关于加强减刑、假释案件实质化审理的意见》的规定,审理减刑、假释案件应当全面审查刑罚执行机关报送的材料,既要注重审查罪犯交付执行后的一贯表现,同时也要注重审查罪犯犯罪的性质、具体情节、社会危害程度、原判刑罚及生效裁判中财产性判项的履行情况等,依法作出公平、公正的裁定,切实防止将考核分数作为减刑、假释的唯一依据。根据这一规定,对有组织犯罪罪犯的减刑、假释、暂予监外执行等应当更为严格。

(3)从严管理需要依法。这里的“法”包括《刑法》《刑事诉讼法》《反有组织犯罪法》《社区矫正法》等法律。从严管理需要在法治的框架内执行,不能为实现从严管理违反法律法规的规定。根据《刑法》第78条的规定,经证实确实存在阻止他人重大犯罪活动的、有发明创造或者重大技术革新等情况的,应当予以减刑。

本条第2款是关于法律规定的有组织犯罪的罪犯应当跨省异地执行刑罚的规定。“异地执行刑罚”,是指在有组织犯罪的罪犯有组织、有规模地实施犯罪活动的地域或者长期居住的区域以外的地方,对有组织犯罪的罪犯执行刑罚。异地执行刑罚有两个条件:

(1)适用对象。异地执行刑罚的适用对象分为两类:一类是黑社会性质组织的组织者、领导者;另一类是恶势力组织的首要分子。这两类罪犯在黑社会性质组织和恶势力组织中居于核心地位,是组织、策划、指挥有组织犯罪的最主要人员。

(2)刑期条件。并不是所有的黑社会性质组织的组织者、领导者或者恶势力组织的首要分子都一概异地执行刑罚,只有被判处10年以上有期徒刑、无期徒刑、死刑缓期2年执行的才属于本条第2款规定的对象。

应当注意的是,对于依法需要跨省、自治区、直辖市异地执行刑罚的黑社会性质组织的组织者、领导者或者恶势力组织的首要分子,司法机关、司法行政机关需要在后续涉及服刑人员减刑、假释、财产刑执行等程序方面做好异地刑罚执行机关之间的衔接。

关联法规

《刑事诉讼法》第264、269条

第三十六条　【特定的有组织犯罪的罪犯减刑、假释程序】 对被判处十年以上有期徒刑、无期徒刑、死刑缓期二年执行的黑社会性质组织的组织者、领导者或者恶势力组织的首要分子减刑的,执行机关应当依法提出减刑建议,报经省、自治区、直辖市监狱管理机关复核后,提请人民法院裁定。

对黑社会性质组织的组织者、领导者或者恶势力组织的首要分子假释的,适用前款规定的程序。

条文注释

本条第1款是关于特定的有组织犯罪的罪犯减刑程序的规定。本款规定的适用对象为"被判处十年以上有期徒刑、无期徒刑、死刑缓期二年执行的黑社会性质组织的组织者、领导者或者恶势力组织的首要分子"。该类对象分为两类:一类是黑社会性质组织的组织者、领导者;另一类是恶势力组织的首要分子。这两类罪犯在黑社会性质组织和恶势力组织中居于核心地位,是组织、策划、指挥有组织犯罪的最主要人员。本款对特定有组织犯罪罪犯的减刑设置了严格的程序,增加了省一级监狱管理机关复核的程序。这里规定的"复核"程序,需要在执行机关依法提出减刑建议并审核同意后,先由省、自治区、直辖市监狱管理机关复核,再向人民法院提请裁定。

本条第2款是关于特定的有组织犯罪的罪犯假释程序的规定。本款规定的适用对象与前款规定有一定的差别，为“黑社会性质组织的组织者、领导者或者恶势力组织的首要分子”。

理解适用本条，需要注意异地办理减刑、假释案件的问题。在程序上，被判处10年以上有期徒刑、无期徒刑、死刑缓期2年执行的黑社会性质组织的组织者、领导者或者恶势力组织的首要分子的减刑、假释应当由异地的刑罚执行机关提出减刑、假释建议，并报其服刑地的省、自治区、直辖市监狱管理机关复核，再根据法律、司法解释等相关规定，分别由罪犯服刑地的高级人民法院或中级人民法院裁定。

关联法规

《刑法》第50、78、79、82条

《刑事诉讼法》第273条

《监狱法》第30～32条

《关于办理黑社会性质组织犯罪案件若干问题的规定》第27条

第三十七条　【审理减刑、假释案件的程序规定】人民法院审理黑社会性质组织犯罪罪犯的减刑、假释案件，应当通知人民检察院、执行机关参加审理，并通知被报请减刑、假释的罪犯参加，听取其意见。

条文注释

本条是关于人民法院审理黑社会性质组织犯罪罪犯的减刑、假释案件相关程序的规定。本条包含两层意思：

(1)适用的案件范围。本条的适用范围为“人民法院审理黑社会性质组织犯罪罪犯的减刑、假释案件”。人民法院审理是对罪犯减刑、假释的重要环节。《刑法》第79条、第82条规定，对于犯罪分子非经法定程序不得减刑、假释。这里的法定程序需由执行机关提出减刑建议书或假释建议书，报人民法院审核裁定，人民法院应当组成合议庭进行审理。

(2)通知参加审理的对象和目的。本条规定,人民法院审理黑社会性质组织犯罪罪犯的减刑、假释案件,应当通知人民检察院、执行机关参加审理,并通知被报请减刑、假释的罪犯参加,听取其意见。“通知人民检察院”参加审理并没有附带额外条件,无论人民检察院在人民法院审理前就执行机关提出减刑、假释建议的内容是否持反对意见,都需要人民检察院参加审理。

这里的通知“执行机关参加审理”,其目的是方便执行机关进一步就提出减刑、假释建议作出解释和说明,也有利于人民法院更全面充分地了解罪犯悔罪改造的情况。需要注意的是,人民检察院和执行机关的意见,对人民法院具有参考意义。对减刑、假释案件是否作出裁定的最终决定权在人民法院。其中,执行机关也可以提请撤回减刑、假释建议。

这里的“通知被报请减刑、假释的罪犯参加,听取其意见”,有利于人民法院进一步向被报请减刑、假释的罪犯核实情况。合议庭成员如果对报请的情况有疑问,可以向被报请减刑、假释的罪犯提问、了解情况;对于假释案件,还可以综合考察并了解罪犯的年龄、身体状况、性格特征、假释后生活来源以及监管条件等影响再犯罪的因素等。

关联法规

《刑法》第 79 条

《刑事诉讼法》第 273 条

《关于减刑、假释案件审理程序的规定》第 6、7 条

《人民检察院刑事诉讼规则》第 637 条

第三十八条　【考虑财产性判项的执行情况】执行机关提出减刑、假释建议以及人民法院审理减刑、假释案件,应当充分考虑罪犯履行生效裁判中财产性判项、配合处置涉案财产等情况。

条文注释

本条是关于办理减刑、假释案件需要考虑财产刑的履行和涉案财产处置情况的规定。

根据罪犯被判处的不同刑罚，这里的执行机关包括监狱、公安机关、社区矫正机构等。在“提出减刑、假释建议”时，执行机关需要检验罪犯是否接受教育悔改、确有悔罪表现，履行财产性判项、配合处置涉案财产等情况是认定其是否真实悔罪改造的一项重要依据。人民法院可以从执行机关、人民检察院和被报请减刑、假释的罪犯三个方面进一步细致了解罪犯履行财产性判项的真实情况，以裁定是否予以减刑、假释。

这里的“充分考虑”，表明关于财产刑的履行和涉案财产的处置情况在减刑、假释建议的提出和审理过程中，应被作为重要的因素予以考虑，相关情况对于准确反映罪犯是否真正认罪悔过具有较为重要的参考意义。“生效裁判中财产性判项”，是指刑事判决书中对涉案财产作出的处理决定和刑事判决的财产性刑罚。人民法院经过审理并作出的最终生效的裁判文书，应当对涉案财物的处置作出明确结论，对侦查、检察机关先行采取的返还或者处置的财产措施的合法性作出评价，对尚未到案的涉案财物也应当作出是否继续追缴的裁判，同时依法判决财产刑。这里的“配合处置涉案财产等情况”有较多的情形，如配合执行机关处理被扣押、冻结的债券、股票、基金份额以及有效期即将届满的汇票、本票、支票，协助处置被查封的涉案不动产和置于该不动产上不宜移动的设施等财物，协助处置涉案的车辆、船舶、航空器和大型机械、设备等需要定期维护保值的财物，帮助办理相关权属的关系变更、转移登记等手续，积极退赔被害人损失，帮助执行本法所规定的追缴、没收等值财产或者混合财产中的等值部分，积极履行附带民事诉讼判决的内容等。

关联法规

《刑事诉讼法》第 273 条

《关于办理减刑、假释案件具体应用法律的规定》第 27 条

《关于办理减刑、假释案件具体应用法律的补充规定》第 1 条

《关于减刑、假释案件审理程序的规定》第5条
《关于加强减刑、假释案件实质化审理的意见》第7、15条

第四章　涉案财产认定和处置

第三十九条　【对涉案财物进行查封、扣押、冻结】办理有组织犯罪案件中发现的可用以证明犯罪嫌疑人、被告人有罪或者无罪的各种财物、文件，应当依法查封、扣押。

公安机关、人民检察院、人民法院可以依照《中华人民共和国刑事诉讼法》的规定查询、冻结犯罪嫌疑人、被告人的存款、汇款、债券、股票、基金份额等财产。有关单位和个人应当配合。

条文注释

本条是关于办理有组织犯罪案件对涉案财物进行查封、扣押、冻结的规定。

根据本条第1款的规定，查封、扣押的范围是办理有组织犯罪案件中发现的“可用以证明犯罪嫌疑人、被告人有罪或者无罪的各种财物、文件”。《刑事诉讼法》第141条第1款规定，在侦查活动中发现的可用以证明犯罪嫌疑人有罪或者无罪的各种财物、文件，应当查封、扣押；与案件无关的财物、文件，不得查封、扣押。本款除了规定对有组织犯罪犯罪嫌疑人的各种财物、文件依法予以查封、扣押外，还规定了对有组织犯罪被告人的各种财物、文件依法予以查封、扣押。“可用以证明犯罪嫌疑人、被告人有罪或者无罪的各种财物、文件”，是指能够证明犯罪嫌疑人、被告人有罪或无罪、罪重或罪轻的物证、书证及视听资料等证据。这里的“财物”，是指可作为证据使用的财产和物品，包括动产和不动产，如房产、汽车、人民币、票据等。

本条第2款是关于办案部门可以依法查询、冻结犯罪嫌疑人、被告人的财产的规定。《刑事诉讼法》的相关规定明确了公安机关、人

民检察院、人民法院可以查询、冻结犯罪嫌疑人、被告人财产的条件和情形。根据本款规定，在办理有组织犯罪案件的过程中，公安机关、人民检察院、人民法院查询、冻结犯罪嫌疑人、被告人财产的程序，适用《刑事诉讼法》的规定。此处的相关财产，要与犯罪嫌疑人、被告人及其所犯的有组织犯罪有关，即属于犯罪嫌疑人、被告人或者与其犯罪有牵连的人的存款、汇款、债券、股票、基金份额。这些财产或被用于有组织犯罪，或为有组织犯罪所得。通过查询这些财产的情况，可以查明案情，查清犯罪嫌疑人、被告人有罪或者无罪、罪重或者罪轻的事实。查询、冻结存款、汇款、债券、股票、基金份额等财产还可以有效防止赃款转移，斩断有组织犯罪的经济基础，挽回并减少损失。

查询、冻结存款、汇款、债券、股票、基金份额等涉案财产是办理有组织犯罪的重要措施，有关单位和个人应当配合。本条第 2 款特别对单位和个人设定了应当配合的义务，即当依法有权进行查询、冻结涉案财产的公安机关、人民检察院、人民法院实施查询、冻结措施时，有关单位和个人应当配合。这里的“配合”，主要是指为查询、冻结工作提供方便，提供协助，履行冻结手续，不得以保密为借口拒绝。当然，公安机关、检察机关、人民法院也应遵循《个人信息保护法》等法律的相关规定，保护公民的个人隐私和合法权益。

关联法规

《刑事诉讼法》第 102、117、141、144、145、196、298 条

《关于适用〈中华人民共和国刑事诉讼法〉的解释》第 189、341 ~ 343、613 条

第四十条 【财产调查】公安机关、人民检察院、人民法院根据办理有组织犯罪案件的需要，可以全面调查涉嫌有组织犯罪的组织及其成员的财产状况。

条文注释

本条是关于对涉嫌有组织犯罪的组织及其成员财产调查的

规定。

全面、高效、准确地把握涉案财产情况，是定罪量刑证据的基本要求之一，也是在诉讼中有效进行涉案财产认定和处置程序的重要前提。本条对财产调查制度的规定主要包括以下几个方面：

(1)规定了对财产进行调查的有权主体及适用阶段。公安机关、人民检察院、人民法院均有权对涉嫌有组织犯罪的组织及其成员的财产状况进行调查。根据《刑事诉讼法》第54条第1款的规定，人民法院、人民检察院和公安机关有权向有关单位和个人收集、调取证据。有关单位和个人应当如实提供证据。公安机关、人民检察院、人民法院是刑事诉讼中收集、调查、核实证据的主体，赋予其相应的财产调查权符合《刑事诉讼法》的内在要求。

(2)规定了对涉嫌有组织犯罪的组织及其成员的财产状况进行调查的范围为全面调查，即对涉嫌有组织犯罪的组织及其成员的所有财产进行调查，而不以是否为涉案财产为限制，具体包括有组织犯罪组织及其成员的所有合法财产与非法财产。

(3)规定了对涉嫌有组织犯罪的组织及其成员的财产状况进行调查的前提条件，即要根据办理有组织犯罪案件的需要进行调查。根据办理有组织犯罪案件的需要，是指办案机关认为有必要的理由对涉嫌有组织犯罪的组织及其成员财产状况进行调查，如果不采取财产调查措施，可能导致与涉案财产有关的事实、证据无法查清等后果，给有组织犯罪查处带来阻碍。

司法实践中需要注意的是，办案机关及人员在财产调查措施实施过程中，应把握好惩治犯罪的便利性与当事人财产信息隐私权的保护二者间的关系。在财产调查的适用对象范围上，本条明确为有组织犯罪组织及其成员的财产，不包括该成员的近亲属及其他存在利害关系的组织和人员的财产，以防止财产调查制度的滥用，侵犯到社会公众的基本权利。另外，财产调查措施涉及公民的财产权这一基本权利，进行调查和采取查封、扣押、冻结措施要依法进行，启动与实施应符合《刑事诉讼法》的规定和相应的刑事诉讼程序要求，防止侵犯公民和法人的合法权益。

关联法规

《刑事诉讼法》第141、144、145、196条

《关于刑事裁判涉财产部分执行的若干规定》第4条

《关于办理黑恶势力犯罪案件若干问题的指导意见》第26条

《关于办理黑恶势力刑事案件中财产处置若干问题的意见》第1、6条

第四十一条 【查封、扣押、冻结、处置涉案财物的要求】 查封、扣押、冻结、处置涉案财物，应当严格依照法定条件和程序进行，依法保护公民和组织的合法财产权益，严格区分违法所得与合法财产、本人财产与其家属的财产，减少对企业正常经营活动的不利影响。不得查封、扣押、冻结与案件无关的财物。经查明确实与案件无关的财物，应当在三日以内解除查封、扣押、冻结，予以退还。对被害人的合法财产，应当及时返还。

查封、扣押、冻结涉案财物，应当为犯罪嫌疑人、被告人及其扶养的家属保留必需的生活费用和物品。

条文注释

本法在总结实践经验的基础上，与《刑事诉讼法》等法律相衔接，进一步重申了依法查封、扣押、冻结的原则，对查封、扣押、冻结和处置涉案财物提出了明确和相对具体的要求。

本条第1款是关于查封、扣押、冻结、处置涉案财物的要求的规定，具体包含以下几个方面：

（1）查封、扣押、冻结、处置涉案财物，应当严格依照法定条件和程序进行。这里的"涉案财物"包括犯罪分子违法所得的财物、违禁品和供犯罪所用的本人财物等。违法所得的财物，是指通过黑恶势力违法犯罪所得的财产和物品，包括动产和不动产，如房屋、汽车、货币等。违禁品，是指依照国家规定，公民不得私自留存、使用的物品，例如，国家禁止非法持有、经营、流通的物品，包括枪支弹药、易燃易爆物品、毒品、淫秽物品等。供犯罪所用的本人财物，是指供犯罪分

子进行犯罪活动而使用的属于其本人所有的钱款和物品，如用于有组织犯罪的运输工具等。

(2)查封、扣押、冻结、处置涉案财物要依法保护公民和组织的合法财产权益，要严格区分违法所得与合法财产、本人财产与其家属的财产，减少对企业正常经营活动的不利影响。犯罪分子的本人财产，是指属于犯罪分子本人所有的财物及其在与他人共有财产中依法应有的份额。属于犯罪分子家属的财产，是指属于与犯罪分子共同生活的家庭成员个人所有的财产和在家庭共有财产中应当占有的份额。在处理有组织犯罪案件时，应当依据有关的民事法律界定犯罪分子个人所有的财产，严格划清犯罪分子本人财产与其家属或者他人财产的界限，保护犯罪分子家属的合法权益。只有在法律规定的情形下，才可以查封、扣押、冻结、处置犯罪分子家属所有或者应有的财产。

"减少对企业正常经营活动的不利影响"也是查封、扣押、冻结、处置涉案财物的要求之一。企业是社会经济活动的主体，有关办案部门在执行查封、扣押、冻结、处置的过程中，要充分认识企业对社会经济发展的重要作用，切实增强支持企业发展的自觉性，支持企业健康发展，坚持主动服务、平等保护、规范执法。

(3)不得查封、扣押、冻结与案件无关的财物。《刑事诉讼法》规定，在侦查活动中发现的可用以证明犯罪嫌疑人有罪或者无罪的各种财物、文件，应当查封、扣押；与案件无关的财物、文件，不得查封、扣押。查封、扣押、冻结涉及企业、公民的财产权等相关权利，不得随意扩大查封、扣押、冻结的范围。与案件无关的财物，不得查封、扣押，否则就是对公民合法权益的侵犯。

(4)经查明确实与案件无关的财物，应当在3日以内解除查封、扣押、冻结，予以退还。"经查明确实与案件无关的财物"，是指经过侦查、询问证人、讯问犯罪嫌疑人、调查核实证据，并对查封、扣押的财物进行认真分析，认定该查封、扣押的财物或冻结款项、债券、股票、基金份额等并非违法所得，也不具有证明犯罪嫌疑人是否犯罪、罪轻、罪重的作用，不能作为证据使用，与犯罪行为无直接关系。

“三日以内解除查封、扣押、冻结，予以退还”，是指自确定该查封、扣押物和冻结款项、债券、股票、基金份额等与犯罪行为无关之日起3日以内应当解除查封、扣押、冻结。这里规定的“予以退还”，是指将查封、扣押的财物、文件交还包括犯罪嫌疑人在内的财物、文件所有人。查封、扣押、冻结财物涉及公民的财产权利，一旦查明与犯罪无关，应当及时解除，以保障公民的合法权利，减少公民的损失。

(5)对被害人的合法财产应当及时返还。对于查封、扣押、冻结的财物及其孳息，如果有证据证明是被害人的合法财产，且不是必须在法庭上作为证据出示的，应当及时返还给被害人，以保证被害人的生产、生活需要。

本条第2款是关于查封、扣押、冻结涉案财物的限制的规定。为了维持犯罪分子及其扶养的家属基本的生活需要，体现人道主义精神，在查封、扣押、冻结涉案财物时，应当给犯罪分子本人以及其所扶养的家属保留必需的生活费用和物品。这里所说的“其扶养的家属”，既包括由其扶养的配偶，也包括由其抚养的子女和赡养的老人，还包括根据具体情况作为其家属需要其承担扶养责任的人。我国《刑法》第59条与本款内容精神相似。该条规定，没收犯罪分子个人全部财产的，应当对犯罪分子个人及其扶养的家属保留必需的生活费用。在判处没收财产的时候，不得没收属于犯罪分子家属所有或者应有的财产。

关联法规

《刑法》第59条

《刑事诉讼法》第117条

《关于完善产权保护制度依法保护产权的意见》第5条

《关于进一步规范刑事诉讼涉案财物处置工作的意见》第2条

第四十二条　【反洗钱行政主管部门协查义务】公安机关可以向反洗钱行政主管部门查询与有组织犯罪相关的信息数据，提请协查与有组织犯罪相关的可疑交易活动，反洗钱行政主管部门应当予以配合并及时回复。

条文注释

本条是关于公安机关可以向反洗钱行政主管部门查询信息数据、提请协查的规定。

有组织犯罪活动经常与洗钱行为相伴发生，有组织犯罪需要通过洗钱来掩饰、隐瞒犯罪所得及其收益的来源和性质。反洗钱，是指为了预防洗钱活动，依照《反洗钱法》等法律的规定采取的相关措施；这些措施包括多方面的内容，如客户身份识别，大额交易和可疑交易报告，保存客户身份资料和交易记录，以及依法进行的反洗钱检查、调查，等等。通过健全金融监管措施和信息数据分析发现可疑交易活动是反洗钱的重要内容。通过反洗钱相关措施，可以有效地发现有组织犯罪的财产来源、资金流向等，不仅为侦查有组织犯罪提供线索和证据支持，还为查封、扣押、冻结、处置涉案财物打好工作基础。

本条主要规定了以下几个方面的内容：

(1)公安机关可以向反洗钱行政主管部门查询与有组织犯罪相关的信息数据。根据相关法律规定，“反洗钱行政主管部门”是指中国人民银行，由中国人民银行负责全国的反洗钱监督管理工作，并且其内部设立反洗钱信息中心，负责大额交易和可疑交易报告的接收、分析工作，并按照规定向中国人民银行报告分析结果，履行国务院反洗钱行政主管部门规定的其他职责。根据本条规定，公安机关调查有组织犯罪活动，可以向中国人民银行查询与有组织犯罪相关的信息数据。

(2)公安机关可以向反洗钱行政主管部门提请协查与有组织犯罪相关的可疑交易活动。所谓可疑交易活动，是指公安机关发现或者有合理理由怀疑的与有组织犯罪相关的交易活动。与有组织犯罪相关的可疑交易活动，相对于一般的正常支付交易活动具有许多不同的特征和疑点，这些不同特征和疑点极可能是有组织犯罪洗钱行为的表现。

(3)反洗钱行政主管部门应当予以配合，并及时回复。这里的“配合”主要是指应当为相关查询工作提供方便，提供协助，提供相应的信息数据，不得以保密为由阻碍或者拒绝，但也不能违反《个人信息保护法》的规定。

关联法规

《反洗钱法》第5条

《商业银行法》第29、30条

《金融机构大额交易和可疑交易报告管理办法》第11条

第四十三条　【涉案财产的先行处置】对下列财产，经县级以上公安机关、人民检察院或者人民法院主要负责人批准，可以依法先行出售、变现或者变卖、拍卖，所得价款由扣押、冻结机关保管，并及时告知犯罪嫌疑人、被告人或者其近亲属：

(一)易损毁、灭失、变质等不宜长期保存的物品；

(二)有效期即将届满的汇票、本票、支票等；

(三)债券、股票、基金份额等财产，经权利人申请，出售不损害国家利益、被害人利益，不影响诉讼正常进行的。

条文注释

本条是关于涉有组织犯罪财产可以先行处置的规定。

本条对可以先行处置的财产予以列举。这里的“易损毁、灭失、变质等不宜长期保存的物品”，主要是指因为财产自身的物理特性导致其易于损毁、灭失、变质，不适宜长期保存，如鲜活、易腐的货物等；对于这些物品，如果不及时处理，必然造成财物的损失。被扣押、冻结的汇票、本票、支票等票据，在扣押、冻结期间可能会发生其有效期即将届满的情形。根据《票据法》等有关法律规定，如果有效期届满不及时变现，有关票据权利就会受到影响甚至消灭，从而损害国家利益或者当事人的合法权益。债券、股票、基金份额等财产的价值具有波动性，在扣押、冻结期间其市场价值可能发生重大变化，不及时予以出售，有关债券、股票、基金份额等财产的市场价值就会大幅“缩水”。

财产的处置涉及当事人财产权益，因此，法律对于涉有组织犯罪财物的先行处置规定了较为严格的程序要求。需要注意的是，对于易损毁、灭失、变质等不宜长期保存的物品和有效期即将届满的汇票、本票、支票等，经县级以上公安机关、人民检察院或者人民法院主要负责人批准，即可以先行出售、变现或者变卖、拍卖；但是对于“债券、股票、基金份额等财产”的处置，除了需经批准，还需要满足“经权利人申请，出售不损害国家利益、被害人利益，不影响诉讼正常进行”的条件。法律之所以作出特别要求，主要是因为债券、股票、基金份额等财产的价值具有波动性，其不同于易损毁、灭失、变质等不宜长期保存的物品和有效期即将届满的汇票、本票、支票等，需要由权利人选择适当的时机进行处置。程序的启动需要由权利人提出申请。权利人未提出申请，扣押、冻结机关不能依职权作出先行处置决定；权利人提出申请的，司法机关还应当审查先行处置是否会损害国家利益、被害人利益，是否影响诉讼正常进行，对于不损害国家利益、被害人利益，不影响诉讼正常进行的，才可以经批准先行处置。

“及时告知犯罪嫌疑人、被告人或者其近亲属”，是指告知其相关财产的处置情况。这样规定有利于维护当事人的知情权；同时也可以发挥当事人的监督作用，对于不合理的处置行为，当事人可以通过相应渠道寻求救济。

关联法规

《刑事诉讼法》第245条

《关于进一步规范刑事诉讼涉案财物处置工作的意见》第7条

《关于办理黑恶势力刑事案件中财产处置若干问题的意见》第12条

第四十四条　【涉案财产的甄别和处理】公安机关、人民检察院应当对涉案财产审查甄别。在移送审查起诉、提起公诉时，应当对涉案财产提出处理意见。

在审理有组织犯罪案件过程中，应当对与涉案财产的性质、权属有关的事实、证据进行法庭调查、辩论。人民法院应当依法作出判决，对涉案财产作出处理。

条文注释

本条第1款是关于公安机关、人民检察院应当对涉案财产审查甄别和提出处理意见的规定。对涉案财产的处置是一个系统工作，需要公安机关、检察机关、人民法院分工协作、互相配合。公安机关、检察机关、人民法院在刑事诉讼的全流程中都要把涉案财产处置作为工作重点之一，与查清犯罪嫌疑人、被告人的犯罪事实、合理定罪量刑工作同等重视、同等对待。这里的"审查甄别"，是要求公安机关、人民检察院、人民法院对涉案财产的权属、来源、性质等进行审查分类，区分财产是属于犯罪人所有还是被害人所有，是犯罪工具还是赃款赃物，同时在本阶段程序终结时提出具体的处理意见。

本条第2款规定人民法院应当就涉案财产进行法庭调查、辩论，通过判决作出处理。首先，人民法院在审理有组织犯罪案件过程中，应当对与涉案财产的性质、权属有关的事实、证据进行法庭调查、辩论。人民法院在审理有组织犯罪案件过程中，应当充分听取公诉人、被害人、被告人、辩护人及其他诉讼参与人对涉案财产处置的意见，在此基础上对涉案财产与被指控的犯罪行为的关联性，即是否属于犯罪所得及其孳息等应当没收的涉案财产，侦查（调查）机关、检察机关对涉案财产采取的查封、扣押、冻结等措施是否合法、适当，提出的处理意见是否合法、合理等进行审查，必要时可以依法对有关证据进行调查核实。其次，人民法院应当依法作出判决，对涉案财产作出处理。在办理刑事案件过程中，对与案件有关的犯罪嫌疑人、被告人的财产进行查封、扣押、冻结的情况很复杂，如何认定和处理直接关系有组织犯罪案件的办案效果。因此，人民法院经过审理形成的裁判文书，应当对涉案财产的处置作出明确结论，对侦查机关、检察机关先行采取的返还或者处置措施的合法性应当作出评价，对尚未到案的涉案财产也应当作出是否继续追缴的裁判。在法院审理完毕作出判决后，超出案件执行部分被查封、扣押、冻结的财产或者不需要追缴、没收的财产部分，就应当及时解除查封、扣押、冻结。

关联法规

《刑事诉讼法》第245条

《关于办理黑恶势力刑事案件中财产处置若干问题的意见》第11条

第四十五条 【涉案财产的追缴、没收】有组织犯罪组织及其成员违法所得的一切财物及其孳息、收益，违禁品和供犯罪所用的本人财物，应当依法予以追缴、没收或者责令退赔。

依法应当追缴、没收的涉案财产无法找到、灭失或者与其他合法财产混合且不可分割的，可以追缴、没收其他等值财产或者混合财产中的等值部分。

被告人实施黑社会性质组织犯罪的定罪量刑事实已经查清，有证据证明其在犯罪期间获得的财产高度可能属于黑社会性质组织犯罪的违法所得及其孳息、收益，被告人不能说明财产合法来源的，应当依法予以追缴、没收。

条文注释

本条第1款是关于对违法所得、违禁品和供犯罪所用的本人财物的一般处理的规定。本款针对的主体为有组织犯罪组织及其成员；明确涉案财产处理的具体范围包括违法所得的一切财物及其孳息、收益，违禁品和供犯罪所用的本人财物。所谓“违法所得的一切财物”，是指有组织犯罪组织及其成员因实施犯罪活动而取得的全部财物，包括金钱或者物品等。“孳息”，是指涉案财产所产生的收益，包括天然孳息和法定孳息。“收益”，包括但不限于以下情形：

(1)聚敛、获取的财产直接产生的收益,如使用聚敛、获取的财产购买彩票中奖所得收益等;(2)聚敛、获取的财产用于违法犯罪活动产生的收益,如使用聚敛、获取的财产赌博赢利所得收益、非法放贷所得收益、购买并贩卖毒品所得收益等;(3)聚敛、获取的财产投资、置业形成的财产及其收益;(4)聚敛、获取的财产和其他合法财产共同投资或者置业形成的财产中,与聚敛、获取的财产对应的份额及其收益;(5)应当认定为收益的其他情形。"违禁品",是指依照国家规定,公民不得私自留存、使用的物品,如枪支、弹药、管制刀具、毒品以及淫秽物品等。"供犯罪所用的本人财物",是指供有组织犯罪组织及其成员进行犯罪活动而使用的属于该组织或成员本人所有的钱款和物品,如用于犯罪的交通工具等。

对违法所得的处理方式和结论分别根据涉案财产的具体情况进行追缴、没收或者责令退赔。所谓"追缴",是指将有组织犯罪组织及其成员的违法所得强制收缴。"责令退赔",是指有组织犯罪组织及其成员已将违法所得使用、挥霍或者毁损的,责令其按违法所得财物的价值退赔。

本条第2款是关于等值追缴、没收的法律适用的规定。根据本款规定,依法应当追缴、没收的涉案财产无法找到、灭失或者与其他合法财产混合且不可分割的,可以追缴、没收其他等值财产或者混合财产中的等值部分。其中规定了三种可以等值追缴、没收的情形。第一种是应当追缴、没收的涉案财产无法找到的情形,即侦查机关在寻找、查处涉案财产过程中,已穷尽所有侦查手段和方法仍然无法找到相应涉案财产的情形。第二种是涉案财产已经灭失的情况。所谓"灭失",是指涉案财产因自然灾害、被盗、遗失等原因不复存在,包括实体消灭和丧失下落。第三种是与其他合法财产混合且不可分割的情形。"混合财产",是指与其他人的财产混在一起,形成不能识别或难以识别的混合物,或者混合的财产不可分割,如经添附、附合或加工后无法分割的物品、房产等。出现上述三种法定情况,可以追缴、没收其他等值财产或者混合财产中的等值部分。这是等值追缴、没收的限定性规定。"其他等值财产",是指与应当追缴、没收的涉案财产同等价值的其他财产。"混合财产中的等值部分"，是指混合财产中与违法所得相等价值的部分。

本条第3款是关于高度可能性证明标准的法律适用的规定。本款在具体适用上还应具备以下几个前提条件：(1)黑社会性质组织犯罪定罪量刑事实的证明标准不降低，必须达到《刑事诉讼法》第55条规定的证据确实、充分的程度。(2)证明涉案财产为犯罪期间获得的财产。(3)涉案财产的证明标准要达到高度可能的程度，而不是较大可能性或一般可能性，从证据数量、种类、证明程度及排除合理怀疑等方面来看，已经十分接近"证据确实、充分"的证明标准。(4)从适用对象上进行严格限制，突出适用对象的特殊性。高度可能的证明标准适用的具体对象只能为黑社会性质组织犯罪的违法所得及其孳息、收益。(5)被告人对此类涉案财产处置可以提出异议。如果被告人对适用高度可能的证明标准处置涉案财产有异议，并且能够合理地说明其来源，办案机关就不应按照本条的规定对涉案财产进行处置，而是应当认真调查，在确认财产确实属于违法犯罪所得的情况下，根据《刑法》的规定对财产作出处置。

关联法规

《刑法》第64条

《刑事诉讼法》第245条

第四十六条　【涉案财产追缴、没收的特殊情形】涉案财产符合下列情形之一的，应当依法予以追缴、没收：

(一)为支持或者资助有组织犯罪活动而提供给有组织犯罪组织及其成员的财产；

(二)有组织犯罪组织成员的家庭财产中实际用于支持有组织犯罪活动的部分；

(三)利用有组织犯罪组织及其成员的违法犯罪活动获得的财产及其孳息、收益。

条文注释

本条分三项对涉案财产中应当依法予以追缴、没收的特殊情形作出规定，是对本法第45条财产处置规定的补充和扩展。第45条适用的对象为有组织犯罪组织及其成员违法犯罪活动的涉案财产，本条适用的对象则是有组织犯罪组织及其成员之外的其他人所有的涉案财产。

构成本条第1项行为应当符合以下条件：(1)提供此类支持或者资助的行为人，往往不直接参与有组织犯罪，而是采用暗中帮助、提供财物的隐蔽形式来实际支持或资助犯罪，属于有组织犯罪的幕后黑手。(2)要求行为人主观上明知是有组织犯罪组织及其成员实施的有组织犯罪活动而提供财产进行支持或者资助；如果行为人对此并不明知，则不能认定为本项规定的行为。(3)这里的"财产"，是指其他单位、组织、个人为支持该黑恶势力组织活动资助或者主动提供的财产，既可能是金钱，也可能是其他类型的财物。此类财产本身可能是合法的，但实际却用于犯罪行为，属于涉案财产的范围，故应当予以追缴、没收。

本条第2项规定的"家庭财产"，指的是家庭中的共有合法财产。家庭财产是家庭中全部或部分家庭成员共同所有的财产，是指家庭成员在家庭共同生活关系存续期间共同创造、共同所得的财产。"实际用于"，是指家庭财产中的这部分财产，已经用于支持实际的有组织犯罪活动或者作为有组织犯罪活动的财产进行管理，已经成为犯罪资产或犯罪工具。

本条第3项所述的财产及其孳息、收益，本身并非有组织犯罪组织及其成员的犯罪所得，也不是有组织犯罪活动的直接产物，而是利用有组织犯罪组织及其成员的违法犯罪活动而获得的。虽然该项规定的获取财产的行为不是直接参与有组织犯罪的违法犯罪活动，但获得的这些财产及孳息、收益，却与有组织犯罪组织及其成员的违法犯罪活动存在相应的因果关联。值得注意的是，这里的"利用"一般指间接性的行为；如果有组织犯罪组织及其成员直接参与具体的商业经营行为，那么所获得的财产及其孳息、收益就应属于违法所得及其孳息、收益。

第四十七条 【违法所得没收程序】黑社会性质组织犯罪案件的犯罪嫌疑人、被告人逃匿,在通缉一年后不能到案,或者犯罪嫌疑人、被告人死亡,依照《中华人民共和国刑法》规定应当追缴其违法所得及其他涉案财产的,依照《中华人民共和国刑事诉讼法》有关犯罪嫌疑人、被告人逃匿、死亡案件违法所得的没收程序的规定办理。

条文注释

本条是关于黑社会性质组织犯罪案件的犯罪嫌疑人、被告人逃匿、死亡案件违法所得的没收程序的规定。

根据本条规定,“黑社会性质组织犯罪案件的犯罪嫌疑人、被告人”是适用违法所得的没收程序的对象范围。对于本法规定的恶势力犯罪的嫌疑人、被告人,如果实施了《刑事诉讼法》及相关司法解释规定的案件行为,则可以适用这一程序,否则不适用本条规定。这里所说的“逃匿”,是指犯罪嫌疑人、被告人在犯罪后,为逃避侦查和刑事追究潜逃、隐匿,或者在刑事诉讼过程中脱逃。“通缉”,是指公安机关或人民检察院通令缉拿应当逮捕而在逃的犯罪嫌疑人归案的一种侦查行为。实践中,一般由县级以上的公安机关发布通缉令。

《刑法》第64条规定,犯罪分子违法所得的一切财物,应当予以追缴或者责令退赔。本条规定的“违法所得”,是指因实施犯罪活动而取得的全部财物,包括金钱或者物品,如通过实施有黑社会性质组织犯罪得到的金钱或者物品等。“其他涉案财产”,一般是指除违法所得以外的与犯罪有关的款物、作案工具和非法持有的违禁品等。“追缴”,是指将违法所得的财产强制追回。

关联法规

《刑事诉讼法》第298~301条

《关于适用犯罪嫌疑人、被告人逃匿、死亡案件违法所得没收程序若干问题的规定》

《关于办理黑恶势力犯罪案件若干问题的指导意见》第30条

第四十八条　【洗钱犯罪以及掩饰、隐瞒犯罪所得、犯罪所得收益等犯罪】监察机关、公安机关、人民检察院发现与有组织犯罪相关的洗钱以及掩饰、隐瞒犯罪所得、犯罪所得收益等犯罪的，应当依法查处。

条文注释

有组织犯罪的犯罪分子通常需要通过洗钱等行为来掩饰、隐瞒犯罪所得及其收益的来源和性质，因此有组织犯罪活动经常与洗钱犯罪以及掩饰、隐瞒犯罪所得、犯罪所得收益犯罪相伴发生。

本条主要从涉案财产认定和处置的角度列举了与有组织犯罪关系较为密切的两类犯罪，包括洗钱罪和掩饰、隐瞒犯罪所得、犯罪所得收益罪。

构成洗钱罪需要具备以下条件：(1)主观上是为掩饰、隐瞒上游犯罪的所得及其产生的收益的来源和性质。这里的"掩饰、隐瞒"，是指行为人以窝藏、转移、转换、收购等方法将自己或者他人实施上游犯罪的所得及其产生的收益予以掩盖或洗白。行为人的主观方面，可以通过行为人的认知能力，接触和掌握上游犯罪及其犯罪所得和收益的情况，犯罪所得及其收益的种类、数额，掩饰、隐瞒犯罪所得及其收益的方式等，结合客观实际情况与犯罪意图综合判断。(2)行为人实施了掩饰、隐瞒毒品犯罪，黑社会性质的组织犯罪、恐怖活动犯罪、走私犯罪、贪污贿赂犯罪，破坏金融管理秩序犯罪、金融诈骗犯罪的所得及其产生收益的来源和性质的行为。洗钱罪的本质在于为上游犯罪的犯罪所得披上合法外衣，消灭犯罪线索和证据，从而达到逃避法律追究和制裁，实现犯罪所得的安全循环使用的目的。

构成掩饰、隐瞒犯罪所得、犯罪所得收益罪，需要具备以下条件：(1)行为人是故意犯罪，即明知是犯罪所得及其产生的收益而故意予以掩饰、隐瞒。"明知"不要求明确知道，包括推定为应当知道的情况。(2)行为人实施了窝藏、转移、收购、代为销售或者以其他方法掩饰、隐瞒犯罪所得及其收益的行为。

根据本条规定,依法查处与有组织犯罪相关的洗钱以及掩饰、隐瞒犯罪所得、犯罪所得收益等犯罪的主体包括监察机关、公安机关、人民检察院。“依法查处”,是指依照职责分工,依法调查、侦查有关的犯罪活动,收集、固定证据,依照《监察法》《刑事诉讼法》的规定开展相应工作。监察机关、公安机关、人民检察院发现与有组织犯罪相关的洗钱以及掩饰、隐瞒犯罪所得、犯罪所得收益等犯罪的,对于属于自己职权管辖范围的,应当直接立案查处。对于不属于自己职权管辖范围的,应当连同案件线索一并移送有管辖权的机关;对发现的犯罪行为不能置之不理,更不能故意隐瞒。

关于监察机关、公安机关、人民检察院的职责分工,根据《监察法》的规定,监察委员会负责对涉嫌贪污贿赂、滥用职权、玩忽职守、权力寻租、利益输送、徇私舞弊以及浪费国家资财等职务违法和职务犯罪进行调查。根据《刑事诉讼法》第19条的规定,刑事案件的侦查由公安机关进行,法律另有规定的除外。人民检察院在对诉讼活动实行法律监督中发现的司法工作人员利用职权实施的非法拘禁、刑讯逼供、非法搜查等侵犯公民权利、损害司法公正的犯罪,可以由人民检察院立案侦查。对于公安机关管辖的国家机关工作人员利用职权实施的重大犯罪案件,需要由人民检察院直接受理的时候,经省级以上人民检察院决定,可以由人民检察院立案侦查。

关联法规

《刑法》第191、312条

《关于办理洗钱刑事案件适用法律若干问题的解释》

第四十九条 【利害关系人对涉案财物处理不服的异议及救济】利害关系人对查封、扣押、冻结、处置涉案财物提出异议的,公安机关、人民检察院、人民法院应当及时予以核实,听取其意见，依法作出处理。

公安机关、人民检察院、人民法院对涉案财物作出处理后，利害关系人对处理不服的，可以提出申诉或者控告。

条文注释

本条是关于利害关系人对查封、扣押、冻结、处置涉案财物提出异议应当如何处理，以及利害关系人对涉案财物处理不服应当如何救济的规定。

本条第1款规定，利害关系人对查封、扣押、冻结、处置涉案财物提出异议的，公安机关、人民检察院、人民法院应当及时予以核实，听取其意见，依法作出处理。这里的“利害关系人”，是指与有关涉案财产有利害关系的人。利害关系人对刑事涉案财物提出异议，既不是接受被告人的委托代其行使辩护权，也不是作为证人针对案件事实提供证据，而是针对涉案财物提出自己的权利主张及相关证据，其诉讼地位既不同于被告，也不同于其他诉讼参与人，而是类似于对涉案财物享有独立请求权的第三人，应当享有相应的诉讼权利。

“提出异议”，是指由利害关系人以书面形式或者口头形式，直接向对涉案财物采取查封、扣押、冻结以及处置行为的司法机关提出异议。提出异议的时间应当在司法机关对涉案财物作出处理决定之前。利害关系人提出异议，可以分为三个阶段。第一个阶段是案件侦查阶段：利害关系人认为公安机关对与案件无关的涉案财物采取查封、扣押、冻结措施或者应当解除不解除的，有权向该公安机关提出异议；公安机关应当及时核实强制措施情况，听取利害关系人意见，并依法作出相应处理。利害关系人认为公安机关先行处置行为不当提出异议的，公安机关应当结合其意见，依法处理。第二个阶段是审查起诉阶段：利害关系人认为人民检察院采取强制措施不当或者应当解除不解除的，或者先行处置行为不当的，有权提出异议；人民检察院应当及时核实，听取其意见，依法作出处理。第三个阶段是案件审判阶段：利害关系人认为人民法院采取强制措施不当或者应当解除不解除的，或者先行处置行为不当的，有权提出异议；人民法院应当依法处理。在第三个阶段即案件审判阶段，人民法院需要对定罪、量刑有关的事实、证据进行调查，包括对涉案财物有关事实进行认定，根据需要，人民法院可以在庭前或者法庭审理过程中听取利害关系人意见。

本条第2款规定，公安机关、人民检察院、人民法院对涉案财物作出处理后，利害关系人对处理不服的，可以提出申诉或者控告。公安机关、人民检察院、人民法院对涉案财物作出处理，包括对涉案财物作出查封、扣押、冻结决定，或者先行处置涉案财物，或者人民法院对涉案财物作出裁判等影响该涉案财物实体权利状态的行为。“对处理不服”，包括对司法机关作出的该处理本身不服，以及对司法机关工作人员在处理过程中采取的行为不服。具体而言，认为司法机关对与案件无关的财物采取查封、扣押、冻结措施的，应当解除不解除的，先行处置不当的，生效判决涉财产部分有错误的，利害关系人均有权向作出相应处理的司法机关提出申诉；认为司法机关工作人员在查封、扣押、冻结、处置涉案财物中存在贪污、挪用、私分、调换、违反规定使用等违法犯罪行为的，利害关系人有权向该司法机关提出控告。

关联法规

《刑事诉讼法》第117条

《关于进一步规范刑事诉讼涉案财物处置工作的意见》第12条

第五章　国家工作人员涉有组织犯罪的处理

第五十条　【国家工作人员涉有组织犯罪的处理】国家工作人员有下列行为的，应当全面调查，依法作出处理：

（一）组织、领导、参加有组织犯罪活动的；

（二）为有组织犯罪组织及其犯罪活动提供帮助的；

（三）包庇有组织犯罪组织、纵容有组织犯罪活动的；

（四）在查办有组织犯罪案件工作中失职渎职的；

（五）利用职权或者职务上的影响干预反有组织犯罪工作的；

（六）其他涉有组织犯罪的违法犯罪行为。

国家工作人员组织、领导、参加有组织犯罪的，应当依法从重处罚。

条文注释

本条第1款是关于国家工作人员涉有组织犯罪的处理的规定，共六项内容。对国家工作人员有这六项行为的，应当全面调查，依法作出处理：

（1）组织、领导、参加有组织犯罪活动的行为。所谓"组织"有组织犯罪活动，是指倡导、发起、策划、建立有组织犯罪的行为。"领导"有组织犯罪活动，是指在有组织犯罪组织中处于领导地位，对该组织的发展、运行、活动进行策划、决策、指挥、协调、管理的行为。"参加"有组织犯罪活动，是指加入有组织犯罪组织的行为，包括参与该组织的违法犯罪活动或者在违法犯罪活动中起作用。

（2）为有组织犯罪组织及其犯罪活动提供帮助的行为。本项中所谓的"提供帮助"，其方式和途径可以不作限定：既可能是利用国家工作人员的职权便利向犯罪分子通风报信、提供逃避侦查的便利；也可能是向犯罪组织及其成员提供的私人帮助，如提供财物等；还可能是在参与有组织犯罪活动中提供具体的犯罪帮助。提供帮助的具体受益对象，既可以是有组织犯罪的整个组织，也可以是有组织犯罪组织的具体成员。

（3）包庇有组织犯罪组织、纵容有组织犯罪活动的行为。所谓"包庇有组织犯罪组织"，是指国家工作人员为使有组织犯罪组织及其成员逃避查禁而通风报信，隐匿、毁灭、伪造证据，阻止他人作证、检举揭发，指使他人作伪证，帮助逃匿，或者阻挠其他国家工作人员依法查禁等行为。“纵容有组织犯罪活动”，是指国家工作人员不依法履行职责，对有组织犯罪组织的违法犯罪活动不依法制止反而予以放纵的行为。

(4)在查办有组织犯罪案件工作中失职渎职的行为。在查办有组织犯罪案件工作中失职渎职的行为主体，应当是负有查办有组织犯罪案件或者支持、协助查办有组织犯罪案件职责的国家工作人员。有组织犯罪案件工作中的失职渎职行为往往与案件直接相关，例如，接到报案、控告、举报不受理；发现犯罪信息、线索隐瞒不报、不如实报告；未经批准、授权擅自处置、不移送犯罪线索、涉案材料；向违法犯罪人员通风报信，阻碍案件查处；违背事实和法律处理案件；违反规定查封、扣押、冻结、处置涉案财物等。

(5)利用职权或者职务上的影响干预反有组织犯罪工作的行为。利用职权干预反有组织犯罪工作，是指国家工作人员利用其职务范围内掌握的国家权力和地位，违规插手、干扰、影响反有组织犯罪的具体工作。利用职务上的影响干预反有组织犯罪工作，是指国家工作人员利用其职权或者地位形成的影响力，通过其他国家工作人员的职务行为，参与、干扰、影响反有组织犯罪的具体工作。

(6)其他涉有组织犯罪的违法犯罪行为。本项为兜底项，是指上述五项之外，需要全面调查，依法作出处理的与有组织犯罪相关的违法犯罪行为。

本条第2款是关于国家工作人员组织、领导、参加有组织犯罪应当依法从重处罚的规定。“从重处罚”，是指在法定刑的幅度内，对犯罪分子适用相对较重的刑种或者处以相对较长的刑期。也就是在犯罪分子所犯罪行应适用的法定刑幅度内相对从重，而不能在法定最高刑之上判处刑罚。从重处罚是要根据犯罪分子的具体犯罪行为和情节、危害后果等，相对于其如果没有该从重情节的情况下应判处的刑罚，适当从重，而不是一律判处最高刑或者一律适用较重的刑种、较长的刑期或者一律在法定刑的平均刑期以上判处刑罚。《刑法》第294条第1款对组织、领导、参加黑社会性质组织罪进行了规定。本款在该条基础上对国家工作人员组织、领导、参加有组织犯罪的行为,规定为从重处罚情节。这是考虑到国家工作人员依法承担着一定的国家和社会公共事务的管理职责和权力,如果具有组织、领导、参加有组织犯罪的行为,其造成的社会危害性相较非国家工作人员也更大,形成的社会不良影响也更深。

关联法规

《刑法》第294条

《公安机关反有组织犯罪工作规定》第54条

第五十一条 【建立线索办理沟通机制及报案、控告、举报】监察机关、人民法院、人民检察院、公安机关、司法行政机关应当加强协作配合,建立线索办理沟通机制,发现国家工作人员涉嫌本法第五十条规定的违法犯罪的线索,应当依法处理或者及时移送主管机关处理。

任何单位和个人发现国家工作人员与有组织犯罪有关的违法犯罪行为,有权向监察机关、人民检察院、公安机关等部门报案、控告、举报。有关部门接到报案、控告、举报后,应当及时处理。

条文注释

本条是关于对国家工作人员涉有组织犯罪建立线索办理沟通机制,单位和个人报案、控告、举报及其处理的规定。

监察机关、公安机关、人民检察院、人民法院、司法行政机关要建立公职人员涉黑涉恶违法犯罪线索移送制度,对工作中收到、发现的不属于本单位管辖的公职人员涉黑涉恶违法犯罪线索,应当及时移送有管辖权的单位处置:(1)公安机关、人民检察院、人民法院、司法行政机关在工作中发现公职人员涉黑涉恶违法犯罪中的涉嫌贪污贿赂、失职渎职等职务违法和职务犯罪等应由监察机关管辖的问题线索,应当移送监察机关。(2)监察机关在信访举报、监督检查、审查调查等工作中发现公职人员涉黑涉恶违法犯罪线索的,应当将其中涉嫌包庇、纵容黑社会性质组织犯罪等由公安机关管辖的案件线索移送公安机关处理。(3)监察机关、公安机关、人民检察院、人民法院、司法行政机关在工作中发现司法工作人员涉嫌利用职权实施的侵犯公民权利、损害司法公正案件线索的,根据有关规定,经沟通后协商确定管辖机关。监察机关、公安机关、人民检察院接到移送的公职人员涉黑涉恶违法犯罪线索,应当按各自职责及时处置、核查,依法依规作出处理,并做好沟通反馈工作;必要时,可以与相关线索或案件并案处理。对于重大疑难复杂的公职人员涉黑涉恶违法犯罪案件,监察机关、公安机关、人民检察院可以同步立案、同步查处,根据案件办理需要,相互移送相关证据,加强沟通配合,做到协同推进。

公职人员涉黑涉恶违法犯罪案件中,既涉嫌贪污贿赂、失职渎职等严重职务违法或职务犯罪,又涉嫌公安机关、人民检察院管辖的违法犯罪的,一般应当以监察机关为主调查,公安机关、人民检察院予以协助。监察机关和公安机关、人民检察院分别立案调查(侦查)的,由监察机关协调调查和侦查工作。犯罪行为仅涉及公安机关、人民检察院管辖的,由有关机关依法按照管辖职能进行侦查。

任何单位和个人发现有犯罪事实或者犯罪嫌疑人,有权利也有义务向监察机关、人民检察院、公安机关等部门报案或者举报。被害人对侵犯其人身、财产权利的犯罪事实或者犯罪嫌疑人,有权向监察机关、人民检察院、公安机关等部门报案或者控告。监察机关、人民检察院、公安机关等部门对于报案、控告、举报,都应当接受。对于不属于自己管辖的,应当移送主管机关处理,并且通知报案人、控告人、举报人;对于不属于自己管辖而又必须采取紧急措施的,应当先采取紧急措施,然后移送主管机关。

这里的“报案”,是指单位和个人(包括被害人)向监察机关、人民法院、人民检察院、公安机关报告发现与有组织犯罪有关的违法犯罪行为;“控告”,是指被害人及其近亲属或其诉讼代理人,对侵犯被害人合法权益的犯罪行为向司法机关告诉,要求追究侵害人的法律责任的行为;“举报”,是指当事人以外的其他知情人向监察机关、人民法院、人民检察院、公安机关检举、揭发与有组织犯罪有关的违法犯罪行为。

第五十二条　【从事有组织犯罪案件国家工作人员的职务违法行为】依法查办有组织犯罪案件或者依照职责支持、协助查办有组织犯罪案件的国家工作人员，不得有下列行为：

（一）接到报案、控告、举报不受理，发现犯罪信息、线索隐瞒不报、不如实报告，或者未经批准、授权擅自处置、不移送犯罪线索、涉案材料；

（二）向违法犯罪人员通风报信，阻碍案件查处；

（三）违背事实和法律处理案件；

（四）违反规定查封、扣押、冻结、处置涉案财物；

（五）其他滥用职权、玩忽职守、徇私舞弊的行为。

条文注释

本条对依法查办有组织犯罪案件或者依照职责支持、协助查办有组织犯罪案件的国家工作人员，作了禁止性规定。本条共包含五项具体禁止性内容：

（1）接到报案、控告、举报不受理，发现犯罪信息、线索隐瞒不报、不如实报告，或者未经批准、授权擅自处置、不移送犯罪线索、涉案材料。这一项的具体行为包括接到报案、控告、举报不受理，该受理的案件故意不受理或怠于受理；发现犯罪信息、线索隐瞒不报、不如实报告，故意隐瞒案件线索、信息或者不如实汇报；未经批准、授权擅自处置、不移送犯罪线索、涉案材料，滥用相关职权违法处置犯罪线索、涉案材料或负有相应职责而不作为。这些不法行为对顺利查办有组织犯罪案件产生了直接的阻碍作用，具有较大的社会危害性和不利后果。

（2）向违法犯罪人员通风报信，阻碍案件查处。这些国家工作人员通常掌握着案件侦破方向或内情等关键信息，相关涉密信息一旦泄露很可能会打草惊蛇，给案件进一步办理造成较大困难。

（3）违背事实和法律处理案件。这类行为的表现形式较多，主要指处理案件过程中的包庇、纵容行为，徇私枉法等渎职行为。典型的如包庇、纵容黑社会性质组织罪,徇私枉法罪,徇私舞弊减刑、假释、暂予监外执行罪等。具体分两种情况:一种是在处理案件中违背事实的情况。这种情况可能存在故意隐瞒犯罪事实,也可能存在虚构无罪或罪轻的事实。另一种是在处理案件中违背法律的情况。如在侦查过程中违法办理取保候审,在审查起诉时违法决定不起诉、提出畸轻量刑意见,审判过程中违法裁判,刑罚执行中违法办理减刑、假释、暂予监外执行等。其目的都是帮助有组织犯罪组织及其成员逃避或减轻法律的制裁。

(4)违反规定查封、扣押、冻结、处置涉案财物。这里的“违反规定”,除了违反《刑事诉讼法》对查封、扣押、冻结的规定外,还包括违反相关司法解释、部门规章等规定,如《最高人民法院关于适用〈中华人民共和国刑事诉讼法〉的解释》《人民检察院刑事诉讼规则》《公安机关办理刑事案件程序规定》等。

(5)其他滥用职权、玩忽职守、徇私舞弊的行为。依法查办有组织犯罪案件或者依照职责支持、协助查办有组织犯罪案件的国家工作人员,除了上述四项比较典型、多发的违法行为外,还可能存在其他滥用职权、玩忽职守、徇私舞弊的行为。因此,国家工作人员在反有组织犯罪工作中出现其他滥用职权、玩忽职守、徇私舞弊行为的,也应当根据本条及有关法律的规定,予以追究。

关联法规

《刑事诉讼法》第141条

《关于办理黑恶势力犯罪案件若干问题的指导意见》第22条

第五十三条 【对从事反有组织犯罪工作人员的名誉保障】有关机关接到对从事反有组织犯罪工作的执法、司法工作人员的举报后,应当依法处理,防止犯罪嫌疑人、被告人等利用举报干扰办案、打击报复。

对利用举报等方式歪曲捏造事实,诬告陷害从事反有组织犯罪工作的执法、司法工作人员的,应当依法追究责任;造成不

良影响的，应当按照规定及时澄清事实，恢复名誉，消除不良影响。

条文注释

本条是关于从事反有组织犯罪工作的执法、司法人员依法履职的保障规定和因依法履职而遭受名誉损害的保障制度的规定。

举报在我国执法、司法实践中发挥着重要作用。公民可以通过举报表达对国家和社会的看法，可以对国家机关和国家工作人员提出批评、建议，可以对违纪违法的现象进行控告，有利于发现犯罪线索、监督国家机关和国家工作人员公正执法、司法，发挥沟通联结人民群众、宣传发动人民群众，震慑和惩处犯罪作用。举报可以采用口头或者书面形式，可以现场举报或者利用互联网媒介等进行线上举报，可以实名举报也可以匿名举报。根据本条第1款的规定，有关机关接到对从事反有组织犯罪工作的执法、司法工作人员的举报应当依法处理，防止犯罪嫌疑人、被告人等利用举报干扰办案、打击报复。"依法处理"，主要是指收到举报的相关部门应当依照法定程序、职权等对举报线索进行甄别，防止犯罪嫌疑人、被告人等利用举报干扰办案、打击报复。

本条第2款是关于因依法履职而遭受名誉损害的保障制度的规定，包含两个方面内容：一是要依法追究不实举报人的责任，这里的责任包括承担相应的民事责任、行政责任和刑事责任及给予相应的行政处分、政务处分。我国《刑法》第243条规定了诬告陷害罪、第254条规定了报复陷害罪等，对于侵害从事反有组织犯罪工作人员合法权益，构成犯罪的，依法追究刑事责任；对于尚不构成犯罪的，可依法给予治安管理处罚。《民法典》对侵犯他人生命权、健康权、名誉权、荣誉权等民事权益的，规定依法承担停止侵害、赔礼道歉等侵权责任。此外，《公务员法》还规定了对国家工作人员实施的报复陷害、侮辱诽谤行为给予行政处分。二是造成不良影响的，要及时澄清事实，恢复名誉，消除不良影响，维护执法、司法工作人员的合法履职权益和名誉。对从事反有组织犯罪工作的执法、司法人员被举报的，有关部门应当首先了解事实，认真调查有关情况，确认是利用举报等方式歪曲捏造事实的，应当采取适当方式向知悉不实情况的单位和社会公众及时通报真实情况，防止不实信息继续扩散，对履职情况作出解释说明，消除单位和社会公众对办理案件过程和办理案件结果的质疑。对于因诬告陷害遭受调查处理的，应当及时停止调查处理。关于澄清事实和消除影响的范围、方式，应当结合有关情况确定，如可以通过官方网站、微博、微信公众号或者新闻发布会等形式及时澄清事实，总之要在相应范围内消除不良影响，维护从事反有组织犯罪工作的司法、执法人员的良好声誉。从事反有组织犯罪工作的执法、司法人员也可以拿起法律的武器，依法要求侵权人承担相应的法律责任。

关联法规

《宪法》第38、41条

《公务员法》第59条

《公职人员政务处分法》第32条

第六章 国际合作

第五十四条 【反有组织犯罪开展国际合作】中华人民共和国根据缔结或者参加的国际条约，或者按照平等互惠原则，与其他国家、地区、国际组织开展反有组织犯罪合作。

条文注释

本条是关于反有组织犯罪开展国际合作的规定。

互相尊重主权和领土完整、互不侵犯、互不干涉内政、平等互利、和平共处五项基本原则是我国提出的处理国际关系的基本原则。和平共处五项原则不仅是我国奉行独立自主和平外交政策的基础，而且已经被世界上绝大多数国家接受，成为规范国际关系的重要准则。反有组织犯罪合作是国际合作的一个重要领域，坚持和奉行这些原则，一方面要求我们在反有组织犯罪工作中从平等互惠角度出发，规范相关处理的程序和机制，更好地开展合作，促进各自司法活动的有效顺利开展；另一方面要求我们坚持主权原则，维护国家主权、安全和社会公共利益，遵守我国法律的基本原则。

国际合作，是指国际法主体之间缔结的用于确定相互权利义务关系的书面协议。根据本条规定，开展反有组织犯罪合作，首先要根据缔结或者参加的国际条约开展；如果我国与其他国家、地区、国际组织之间没有缔结或者参加国际条约，应当按照平等互惠原则来进行。这里的“缔结或者参加的国际条约”，既包括我国与外国共同加入的国际公约，也包括我国与外国签订的多边、双边条约，如《联合国打击跨国有组织犯罪公约》以及我国与他国签订的国际刑事司法协助等条约的有关内容，在我国与其他国家就开展反有组织犯罪国际合作时，是同样适用的。这里的“平等互惠原则”，是处理国家关系的一项基本原则，是基于主权国家之间，在司法上应平等对待的理论确立的原则，是国际上公认的一项原则。我国是独立的主权国家，处理与其他国家关系，包括司法上的关系，一向以平等互惠为基础。这些原则体现在我国与其他国家签订的国际条约中，也体现在我国国内的相关法律规定中。

关联法规

《民事诉讼法》第 5 条

《刑事诉讼法》第 18 条

《引渡法》第 3 条

《国际刑事司法协助法》第 4、8 条

第五十五条　【开展国际合作的具体机制】国务院有关部门根据国务院授权，代表中国政府与外国政府和有关国际组织开展反有组织犯罪情报信息交流和执法合作。

国务院公安部门应当加强跨境反有组织犯罪警务合作，推动与有关国家和地区建立警务合作机制。经国务院公安部门

批准，边境地区公安机关可以与相邻国家或者地区执法机构建立跨境有组织犯罪情报信息交流和警务合作机制。

条文注释

本条是关于开展国际合作具体机制的规定。

反有组织犯罪国际合作，是指与其他国家、地区和国际组织之间在反有组织犯罪的侦查、执法、情报交流、人才培训等方面互相给予支持、便利和协助的一种合作。具体机制包括情报信息的交流与合作，犯罪调查取证，送达刑事诉讼文书，移交物证、书证和视听资料，安排证人作证或者协助调查，查封、扣押、冻结涉案财物，没收、返还违法所得及其他涉案财物，引渡等合作内容。反有组织犯罪国际合作的刑事案件仅限于具有涉外因素的犯罪案件。就协助调查取证来说，一般是由国内侦查机关根据请求国的委托，在国内进行刑事侦查，并将犯罪情报和犯罪线索提供给请求国，以帮助请求国顺利完成侦查任务。就查封、扣押、冻结涉案财物来说，一般是指国内有关部门根据请求国的查封、扣押、冻结涉及犯罪案件的财物的请求，依照我国法律的规定进行审核，对符合条件的协助进行查封、扣押、冻结。对于有组织犯罪案件的侦查、起诉、审判和执行等活动中的送达文书、调查取证、安排证人作证或者协助调查，查封、扣押、冻结涉案财物，没收、返还违法所得及其他涉案财物的国际刑事司法协助，都需要依照《国际刑事司法协助法》进行，对外国提出的刑事司法协助请求，由相关部门根据职责分工进行审核，并承担具体的工作职责。

根据本条第1款的规定，国务院有关部门代表中国政府与外国政府开展国际合作，必须具有国务院的授权。这里的“国务院有关部门”，主要是指与反有组织犯罪密切相关的司法机关、司法行政机关等部门，这些部门在反有组织犯罪执法、治理中承担非常重要的职责；加强与其他国家、地区和国际组织的情报信息交流，会大大加强反有组织犯罪工作力度。

公安机关承担着预防、制止和侦查违法犯罪活动，维护社会治安秩序的职责，在扫黑除恶专项斗争中发挥着重要作用。本条第2款明确国务院公安部门职责，公安部门应当加强跨境反有组织犯罪警务合作，推动与有关国家和地区建立警务合作机制。同时，边境之间加强合作有利于提高打击跨境有组织犯罪工作的灵活性和主动性，在经国务院公安部门即公安部批准后，边境地区公安机关可以与相邻国家或地区（包括陆地国境和水域）执法机构建立跨境有组织犯罪情报信息交流和警务合作机制。

第五十六条　【刑事司法协助、引渡】涉及有组织犯罪的刑事司法协助、引渡，依照有关法律的规定办理。

条文注释

本条是关于反有组织犯罪的刑事司法协助、引渡的规定。

刑事司法协助涉及的范围很广。我国《国际刑事司法协助法》第2条明确规定，国际刑事司法协助，是指中华人民共和国和外国在刑事案件调查、侦查、起诉、审判和执行等活动中相互提供协助，包括送达文书，调查取证，安排证人作证或者协助调查，查封、扣押、冻结涉案财物，没收、返还违法所得及其他涉案财物，移管被判刑人以及其他协助。

引渡是一国向另一国提出请求，要求另一国将在其境内的某一刑事逃犯移交给请求国，以便请求国对其提起刑事诉讼或执行刑罚的活动，是惩治犯罪行为、追究刑事责任、保障刑事诉讼程序正常进行的重要制度。

本条规定，涉及有组织犯罪的刑事司法协助、引渡，依照有关法律的规定办理。这里的“有关法律”，主要是指《国际刑事司法协助法》《引渡法》等涉及国家与国家之间在刑事诉讼领域开展国际合作的法律。

反有组织犯罪刑事司法协助包括两个方面：一是外国向我国提出刑事司法协助请求，要求我国为其开展的刑事诉讼活动提供协助；二是我国向外国提出的刑事司法协助请求，请求外国为我国正在进行的有组织犯罪案件的调查、侦查、起诉、审判、执行活动提供协助。对于外国向我国提出刑事司法协助请求的，从该请求的提出需要提供什么文件和材料、如何由有关部门进行审查以及决定是否提供协助，到如何开展具体的协助活动等，《国际刑事司法协助法》均作出了规定。对于我国向外国提出刑事司法协助请求的，由于是请求外国提供协助，对于外国如何进行审查、是否提供协助以及执行请求的具体程序等，需要由外国法律作出规定，《国际刑事司法协助法》规定我国如何向外国提出刑事司法协助请求，在我国向外国提出请求的过程中，相关的国内程序，如办案机关提出请求时请求书的内容和格式、主管机关的审核等程序，应当依据《国际刑事司法协助法》的规定进行。

关联法规

《引渡法》

《国际刑事司法协助法》

第五十七条　【国际合作中的证据使用】通过反有组织犯罪国际合作取得的材料可以在行政处罚、刑事诉讼中作为证据使用，但依据条约规定或者我方承诺不作为证据使用的除外。

条文注释

本条是关于反有组织犯罪国际合作中的证据使用的规定。

本条对通过反有组织犯罪国际合作取得的材料能否在行政处罚、刑事诉讼中作为证据使用的问题作了规定，为执法和司法提供了法律依据。主要包含两层意思：

(1)通过反有组织犯罪国际合作取得的材料原则上可以在行政处罚、刑事诉讼中作为证据使用。我国法律对行政处罚和刑事诉讼的证据要求作了明确规定，追究任何人的行政责任或者刑事责任都要依法进行。行政处罚，是指行政机关依法对违反行政管理秩序的公民、法人或者其他组织给予一定的惩罚。对公民、法人或者其他组织给予行政处罚，行政机关必须查明事实，对于违法事实不清的不得给予行政处罚。行政机关发现公民、法人或者其他组织有依法应当给予行政处罚的行为的，必须全面、客观、公正地调查，收集有关证据，决定给予行政处罚的应当制作行政处罚决定书，行政处罚决定书应当载明违反法律、法规或者规章的事实和证据。刑事诉讼，是指依法追究违反《刑法》规定构成犯罪的人的刑事责任的诉讼活动。根据《刑事诉讼法》的规定，案件事实清楚，证据确实、充分，依据法律认定被告人有罪的，应当作出有罪判决；证据不足，不能认定被告人有罪的，应当作出证据不足、指控的犯罪不能成立的无罪判决。可以用于证明案件事实的材料，都是证据；包括物证，书证，证人证言，被害人陈述，犯罪嫌疑人、被告人的供述和辩解，鉴定意见，勘验、检查、辨认、侦查实验等笔录，视听资料、电子数据等。通过国际合作取得的材料通常是由国际合作方收集，主体及程序上与我们自己收集证据往往会有一定的差异，在以往的实践中需要经过转换方能在国内的行政处罚、刑事诉讼中作为证据使用。明确通过反有组织犯罪合作取得的材料原则上可以在行政处罚、刑事诉讼中作为证据使用，有利于依法惩治有组织犯罪活动和有组织犯罪人员。

(2)在例外情况下，通过反有组织犯罪国际合作取得的材料不可以在行政处罚、刑事诉讼中作为证据使用。这种例外情况就是本法规定的“我方承诺不作为证据使用”。根据国际惯例或者为了得到有关国家的配合获取相关证据而与其签订的条约或者协议，我国有时会对通过国际合作取得的证据在使用方面作出一些承诺，主要是限制证据使用方面的承诺。规定通过反有组织犯罪国际合作取得的材料在我方承诺的情况下不在行政处罚、刑事诉讼中作为证据使用，有利于消除有关国家的疑虑，为我国与有关国家进行反有组织犯罪合作排除法律障碍。如果某一通过反有组织犯罪国际合作取得的材料也能证明其他案件的事实，而外国主管机关又将该证据材料的使用限制于特定案件或者附加其他限制，我国行政机关和司法机关在办理案件中就应当遵守有关约定或者承诺。

关联法规

《刑事诉讼法》第50、200条

《行政诉讼法》第33条

第七章　保障措施

第五十八条　【保障措施的一般规定】国家为反有组织犯罪工作提供必要的组织保障、制度保障和物质保障。

条文注释

本条是关于为反有组织犯罪工作提供各项保障的规定。

组织保障、制度保障和物质保障是顺利开展反有组织犯罪工作的重要前提。本条规定国家为反有组织犯罪工作提供三个方面的保障：

(1)提供组织保障。主要包括：要保障有充足的工作人员投入反有组织犯罪工作中，满足工作需要。要提高工作人员工作能力，提高反有组织犯罪工作效率，促使反有组织犯罪工作顺利进行。坚持从严管理从事反有组织犯罪工作的干部，加强对干部队伍的监督管理，特别是对关键岗位、重点领域、重点对象进行重点监督，加大对违纪违法干部的查处力度。各有关部门、地方各级人民政府要切实加强组织协调，明确部门职责分工，综合运用法律、行政、科技、经济等手段，推进反有组织犯罪工作。要推进宣传教育工作。各地区、各部门可以采取多种形式开展各级领导干部反有组织犯罪指导工作，提高反有组织犯罪意识。要加强舆论引导，各有关部门要加强同宣传部门和新闻媒体的联系沟通，及时准确提供信息，做好反有组织犯罪工作宣传报道，引导社会公众正确理解和使用反有组织犯罪工作信息，防止歪曲报道、恶意炒作，营造全社会共同重视和支持反有组织犯罪工作的良好氛围。

(2)提供制度保障。制定本法为反有组织犯罪工作提供了依据,“徒法不足以自行”,法律规定需要通过具体制度进行落实,要完善各项配套的制度规定,形成制度保障体系。

(3)提供物质保障。财政部门要加大资金支持力度。开展反有组织犯罪工作,必然产生相关的支出和费用,需要国家财政予以支持和保障。对于需要经费支出和保障的,国家可以通过财政转移支付等方式实施。目前,我国财政转移支付分为一般性转移支付和专项转移支付。一般性转移支付是指上级政府对有财力缺口的下级政府,按照规定给予的补助。一般性转移支付不规定具体用途,由下级政府根据本地区实际情况统筹安排使用。专项转移支付是指上级政府为了实现特定的经济发展和社会发展目标给予下级政府的资金补助,由下级政府按照上级政府规定的用途安排使用。对于反有组织犯罪应当提供经费保障,首先要保障本法规定的反有组织犯罪查处、涉案财物的处置、国际合作所支付的费用等,以保障反有组织犯罪基础工作的开展,其次要保障重大的、影响范围广的有组织犯罪案件的办理工作。

关联法规

《反恐怖主义法》第73~78条

第五十九条　【队伍建设】公安机关和有关部门应当依照职责,建立健全反有组织犯罪专业力量,加强人才队伍建设和专业训练,提升反有组织犯罪工作能力。

条文注释

本条是关于加强反有组织犯罪队伍建设的规定。

本法总则部分对反有组织犯罪工作方针、原则及工作要求等作出了规定。本条是对总则部分以上规定的落实:公安机关和有关部门应当依照职责,建立健全反有组织犯罪专业力量,加强人才队伍建设和专业训练,以保障法律赋予的各项职责有效履行,反有组织犯罪工作取得实效。

反有组织犯罪专业力量是防范、打击和惩治有组织犯罪的主要力量，是有关部门和单位反有组织犯罪职责的具体实施者，在反有组织犯罪线索发现、证据收集、侦查逮捕等方面发挥着重要作用。建立健全反有组织犯罪专业力量的主体是公安机关和有关部门。公安机关既可以建立健全本系统反有组织犯罪专业力量，也可以与有关部门合作，加强专业力量建设，如加强对基层司法行政机关等从事反有组织犯罪工作人员的指导。

建立健全反有组织犯罪专业力量，应当加强专业训练。专业训练，是指针对反有组织犯罪行为的特点、规律、手段、方式等进行有针对性的训练，掌握相应活动的技能、技巧，使反有组织犯罪专业力量在面对有组织犯罪活动时能够在合适的时机采取合适的措施。同时，还应当加强反有组织犯罪专业力量物质保障，保障在面对有组织犯罪活动时有重要专业设备、设施的支持，切实提高反有组织犯罪工作能力。

第六十条 【经费保障】国务院和县级以上地方各级人民政府应当按照事权划分，将反有组织犯罪工作经费列入本级财政预算。

条文注释

本条是关于反有组织犯罪工作经费保障的规定。

反有组织犯罪工作的经费保障是开展反有组织犯罪工作的物质前提。本条对反有组织犯罪工作的经费保障作出专门规定，对于承担反有组织犯罪工作职责的部门和单位有效履行职责、提高工作效率、增强反有组织犯罪工作能力具有重要的意义。

本法对国务院及其有关部门和县级以上地方各级人民政府及其有关部门，在反有组织犯罪工作中应当履行的职责和承担的任务作了规定。如本法第9条规定，各级人民政府和有关部门应当依法组织开展有组织犯罪预防和治理工作，将有组织犯罪预防和治理工作纳入考评体系。村民委员会、居民委员会应当协助人民政府以及有关部门开展有组织犯罪预防和治理工作。反有组织犯罪工作的经费保障体现了按照事权划分保障经费的原则。所谓事权，就是政府承担职能和事务的责任与权力。其中，事务是前提，权力是工具，职能是内容，责任是约束，合理是标尺。只有明确划分各级政府之间、政府与政府之间的事权关系，才能更好地明确一级政府在公共事务和服务中应该承担的任务和责任，才能更好地明确其权利义务。按照财权与事权相匹配的原则，一级政府按照其所承担的事权，根据财力状况匹配财权，才能使一级政府运转正常。反有组织犯罪工作的经费按照国家确定的原则予以保障。确定的保障原则，决定了反有组织犯罪的经费保障体制、经费来源渠道和具体方式。相关经费按照事权划分的原则予以保障，深刻体现了全面深化改革的创新发展理念。

根据本条规定，国务院和县级以上地方各级人民政府应当根据本级政府在反有组织犯罪工作中依法承担的职责和任务，保障所需的工作经费，即国务院事权范围内事项的所需工作经费由国务院予以保障，省级政府事权范围内事项的所需工作经费由省级政府予以保障，设区的市级政府和县级政府事权范围内事项的所需工作经费分别由相应级别政府予以保障。保障的方式是纳入财政预算，即纳入相应级别政府财政正常的预算支出范围，由政府财政予以保障，从而建立稳定的反有组织犯罪工作经费保障机制。

关联法规

《反恐怖主义法》第73条

《预算法》第3~8条

第六十一条 【特殊人员的保护措施】因举报、控告和制止有组织犯罪活动，在有组织犯罪案件中作证，本人或者其近亲属的人身安全面临危险的，公安机关、人民检察院、人民法院应当按照有关规定，采取下列一项或者多项保护措施：

（一）不公开真实姓名、住址和工作单位等个人信息；

（二）采取不暴露外貌、真实声音等出庭作证措施；

（三）禁止特定的人接触被保护人员；
（四）对人身和住宅采取专门性保护措施；
（五）变更被保护人员的身份，重新安排住所和工作单位；
（六）其他必要的保护措施。

条文注释

本条是关于对在有组织犯罪案件中作证等相关人员采取保护措施的规定。

本条规定的保护措施适用于两类人员：第一类是因举报、控告和制止有组织犯罪活动，本人或者其近亲属的人身安全面临危险的人；第二类是在有组织犯罪案件中作证，本人或者其近亲属的人身安全面临危险的人。根据本法第 2 条第 1 款的规定，有组织犯罪，是指《刑法》第 294 条规定的组织、领导、参加黑社会性质组织犯罪，以及黑社会性质组织、恶势力组织实施的犯罪。因为举报、控告和制止上述有组织犯罪活动，本人或者其近亲属的人身安全面临危险的人，可以申请采取相应的保护措施。“近亲属”，主要是指配偶、父母、子女、兄弟姐妹、祖父母、外祖父母、孙子女、外孙子女。

实践中，举报、控告和制止有组织犯罪活动，在有组织犯罪案件中作证的人，本人及其近亲属遭受打击报复的风险较高，面临很大的人身安全威胁。因此，对以上人员人身安全面临危险的，有必要采取相应措施予以保护。这里的“面临危险”，是指本人或者其近亲属的人身安全可能面临比较迫切的现实危险的情形，而不是想象的精神威胁。是否属于“面临危险”，需要结合不同人员的具体情况等综合考虑。实践中比较典型的危险是可能遭受打击报复的情况。根据《人民检察院刑事诉讼规则》第 132 条的规定，犯罪嫌疑人具有下列情形之一的，可以认定为“可能对被害人、举报人、控告人实施打击报复”：(1) 扬言或者准备、策划对被害人、举报人、控告人实施打击报复的；(2) 曾经对被害人、举报人、控告人实施打击、要挟、迫害等行为的；(3) 采取其他方式滋扰被害人、举报人、控告人的正常生活、工作的;(4)其他可能对被害人、举报人、控告人实施打击报复的情形。采取保护措施的执行主体为公安机关、人民检察院、人民法院。执行中需要结合被保护人的具体情况和需要采取的具体保护措施确定执行主体。根据本法第62条第1款的规定,针对"禁止特定的人接触被保护人员"和"对人身和住宅采取专门性保护措施"的执行机关为公安机关。针对"变更被保护人员的身份,重新安排住所和工作单位"的措施,由国务院公安部门批准和组织实施。

本条规定了下列具体保护措施:

(1)不公开真实姓名、住址和工作单位等个人信息。这是对被保护人的个人身份不予公开的保护措施。在刑事诉讼中,人民法院、人民检察院和公安机关对于依法决定不公开证人等人员的真实姓名、住址和工作单位等个人信息的,可以在判决书、裁定书、起诉书、询问笔录等法律文书、证据材料中使用化名等代替证人等人员的个人信息。但是,应当书面说明使用化名的情况并标明密级,单独成卷。辩护律师经法庭许可,查阅对证人等人员使用化名情况的,应当签署保密承诺书。保护密卷不得提供给人民法院、人民检察院和公安机关的承办人员以外的人员查阅,法律另有规定的除外。对证人询问过程制作同步录音录像的,应当对音视频资料进行处理,避免暴露证人外貌、声音等。在公安机关以外的场所询问证人时,应当对询问场所进行清理、控制,无关人员不得在场,并避免证人与犯罪嫌疑人接触。

(2)采取不暴露外貌、真实声音等出庭作证措施。人民法院在有关人员出庭参与诉讼时,采取技术措施不使其外貌、声音等暴露给被告人、旁听人员等,但应当保证控辩双方质证的顺利进行。

(3)禁止特定的人接触被保护人员。这是禁止可能实施打击报复的特定人员在一定期间内接触被保护人的措施。采取禁止特定人员接触被保护人措施的,公安机关应当制作禁止令,书面告知特定人员,禁止其在一定期限内接触被保护人。特定人员违反禁止令,接触被保护人,公安机关应当依法进行调查处理,对犯罪嫌疑人视情况采取或者变更强制措施,其他人员构成违反治安管理行为的,依法给予治安管理处罚；涉嫌犯罪的，依法追究刑事责任。

(4)对人身和住宅采取专门性保护措施。该措施包括派警力保护相关人员人身和住宅的安全。第三类、第四类措施要付出更大的人力、物力成本，对面临比较迫切的重大危险的人，可以考虑采取此类措施。

(5)变更被保护人员的身份，重新安排住所和工作单位。本条保护措施是在《刑事诉讼法》相关保护规定的基础上，根据反有组织犯罪需要，新增加的保护措施。该措施在《反恐怖主义法》第76条中的表述为“变更被保护人员的姓名，重新安排住所和工作单位”。可以看出，本条从“姓名”到“身份”的变化，为通过改变姓名以外保护证人的方式提供了法律依据。

(6)其他必要的保护措施。“其他必要的保护措施”是个兜底性的条款，可以理解为因案情特殊，对因举报、控告和制止有组织犯罪活动，在有组织犯罪案件中作证，本人或者其近亲属确实面临非常重大的危险，可能因作证遭受打击报复时，公安司法机关有义务采取一切有利于保护其人身安全的措施。

此外，我国法律制度对于证人的保护也在不断完善，从程序法到实体法的规范体系基本定型，从原则性的角度规范国家保障证人安全的义务，到明确具体的保护措施及相关机制，对保障证人履行作证义务，查明案件真相，保证刑事诉讼的顺利进行，具有积极意义。

关联法规

《民法典》第1045条

《刑法》第307条

《刑事诉讼法》第64条

《公安机关办理刑事案件证人保护工作规定》第10、11条

《公安机关办理刑事案件程序规定》第75条

第六十二条 【保护措施的批准与配合】采取本法第六十一条第三项、第四项规定的保护措施，由公安机关执行。根据本法第六十一条第五项规定，变更被保护人员身份的，由国务院公安部门批准和组织实施。

公安机关、人民检察院、人民法院依法采取保护措施，有关单位和个人应当配合。

条文注释

本条是关于有组织犯罪案件中保护措施的批准和执行机关的规定。

根据本条第1款的规定，针对“禁止特定的人接触被保护人员”和“对人身和住宅采取专门性保护措施”的执行机关为公安机关。针对“变更被保护人员的身份，重新安排住所和工作单位”的措施，由国务院公安部门批准和组织实施。

由公安机关负责执行的具体保护措施包括：(1)禁止特定的人接触被保护人员。这是禁止可能实施打击报复的特定人员在一定期间内接触被保护人的措施。采取禁止特定人员接触被保护人措施的，公安机关应当制作禁止令，书面告知特定人员，禁止其在一定期限内接触被保护人。特定人员违反禁止令，接触被保护人，公安机关应当依法进行调查处理，对犯罪嫌疑人视情况采取或者变更强制措施，其他人员构成违反治安管理行为的，依法给予治安管理处罚；涉嫌犯罪的，依法追究刑事责任。(2)对人身和住宅采取专门性保护措施，包括派警力保护相关人员人身和住宅的安全。由国务院公安部门批准和组织实施的保护措施为，变更被保护人员的身份，重新安排住所和工作单位。

人民法院、人民检察院、公安机关依法采取本法第61条规定的保护措施，有时需要其他单位或者个人的配合。如不公开证人的个人信息可能需要新闻媒体配合，禁止特定人员接触被保护人员可能需要基层群众组织的配合等。本条第2款规定有关单位和个人应当配合办案机关依法采取保护措施，使保护措施能够有效地发挥作用。

关联法规

《公安机关办理刑事案件证人保护工作规定》第11条

《公安机关办理刑事案件程序规定》第75条

第六十三条 【参照特殊人员保护】实施有组织犯罪的人员配合侦查、起诉、审判等工作，对侦破案件或者查明案件事实起到重要作用的，可以参照证人保护的规定执行。

条文注释

本条是关于对侦破案件或者查明案件事实起到重要作用的实施有组织犯罪人员的保护的规定。

本条适用的主体是配合侦查、起诉、审判等工作的实施有组织犯罪的人员。参与有组织犯罪的人员，如能配合侦查、起诉、审判等工作，可以作为适用本条的条件之一。本条的适用前提是此类人员需要对侦破案件或者查明案件事实起到重要作用，如此才可以参照证人保护的规定执行。参与有组织犯罪的人员相较于一般证人来说具有特殊性，由于其自身对有组织犯罪活动更加了解，如果其能全力配合，对于案件的侦查、起诉、审判工作都具有积极的推动作用。

关联法规

《关于办理黑恶势力犯罪案件若干问题的指导意见》第35条

第六十四条 【执法、司法人员及其近亲属的保护】对办理有组织犯罪案件的执法、司法工作人员及其近亲属，可以采取人身保护、禁止特定的人接触等保护措施。

条文注释

本条对办理有组织犯罪案件的执法、司法工作人员及其近亲属的保护通过法律的形式予以明确。

本条针对的对象是办理有组织犯罪案件的执法、司法工作人员及其近亲属。因从事相关反有组织犯罪执法、司法工作，其本人或者近亲属的人身安全面临危险的人，可以申请采取相应的保护措施。

本条对适用条件未作明确限定，通常是因从事反有组织犯罪工作行为，本人及其近亲属面临安全危险。这里的“面临危险”，是指本人及其近亲属的人身安全可能面临比较迫切的现实危险的情形，而不是想象的精神威胁。实践性比较典型的危险是可能遭受打击报复的情况。

本条所称的保护措施，包括人身保护、禁止特定的人接触等。办理危险性较高的有关案件，经司法人员本人申请，可以对司法人员及其近亲属采取相应保护措施：

(1)对人身的保护措施，即对人身采取专门性保护措施。通常包括派警力保护办理有组织犯罪案件的执法、司法工作人员及其近亲属的人身安全。被保护人面临重大人身安全危险的，经被保护人同意，公安机关可以在被保护人的人身或者住宅安装定位、报警、视频监控等装置。必要时，可以指派专门人员对被保护人的住宅进行巡逻、守护；或者在一定期限内开展贴身保护，防止侵害发生。有条件的地方，可以聘请社会安保力量承担具体保护工作。

对以恐吓威胁、滋事骚扰、跟踪尾随、攻击辱骂、损毁财物及其他方式妨害司法人员及其近亲属人身自由和正常生活的，公安机关接警后应当快速出警、有效制止；对正在实施违法犯罪行为的，应当依法果断处置、从严惩处。对实施暴力行为危害司法人员及其近亲属人身安全的精神病人，在人民法院决定强制医疗之前，经县级以上公安机关负责人批准，公安机关可以采取临时保护性约束措施，必要时可以将其送至精神病医院接受治疗。

(2)禁止特定的人接触被保护人员。这是禁止可能实施打击报复的特定人员在一定期间内接触被保护人的措施。采取禁止特定人员接触被保护人措施的，公安机关应当制作禁止令，书面告知特定人员，禁止其在一定期限内接触被保护人。特定人员违反禁止令，接触被保护人，公安机关应当依法进行调查处理，对犯罪嫌疑人视情况采取或者变更强制措施，其他人员构成违反治安管理行为的，依法给予治安管理处罚；涉嫌犯罪的，依法追究刑事责任。

关联法规

《保护司法人员依法履行法定职责规定》第 18 条

第六十五条　【伤残、死亡人员的待遇】对因履行反有组织犯罪工作职责或者协助、配合有关部门开展反有组织犯罪工作导致伤残或者死亡的人员，按照国家有关规定给予相应的待遇。

条文注释

本条是关于因从事反有组织犯罪相关工作导致伤残或者死亡的人员给予抚恤优待的规定。

为表彰、抚恤因履行反有组织犯罪工作职责或者协助、配合有关部门开展反有组织犯罪工作的相关人员为国家、社会作出的牺牲，体现国家对这些人员的关心和爱护，解除他们的后顾之忧，弘扬为维护国家安全、人民生命财产安全无私奉献的精神，本条明确规定给予抚恤优待。

本条规定的给予相应待遇的人员包括两类：一是履行反有组织犯罪工作职责的人员；二是协助、配合有关部门开展反有组织犯罪工作的相关人员。履行反有组织犯罪工作职责的人员，是指在反有组织犯罪工作中承担一定职责的单位和部门的人员；协助、配合反有组织犯罪工作的人员，是指本身并没有反有组织犯罪工作职责，而积极为反有组织犯罪工作提供帮助的人员。无论是履行反有组织犯罪工作职责的人员，还是协助、配合反有组织犯罪工作的人员，都可能因此而导致伤残或者死亡，国家对这些人员应当给予相应的待遇和保障。

我国相关法律法规对于各类人员因公导致伤残死亡的，规定了相应的待遇。本条对因履行反有组织犯罪工作职责或者协助、配合有关部门开展反有组织犯罪工作导致伤残或者死亡应如何享受待遇作了衔接性规定，即按照国家有关规定给予相应的待遇。

关联法规

《烈士褒扬条例》第8条
《工伤保险条例》第15条
《伤残抚恤管理办法》

第八章 法律责任

第六十六条 【有组织犯罪相关的刑事责任】 组织、领导、参加黑社会性质组织，国家机关工作人员包庇、纵容黑社会性质组织，以及黑社会性质组织、恶势力组织实施犯罪的，依法追究刑事责任。

境外的黑社会组织的人员到中华人民共和国境内发展组织成员、实施犯罪，以及在境外对中华人民共和国国家或者公民犯罪的，依法追究刑事责任。

条文注释

本条是关于对黑社会性质组织、恶势力组织相关犯罪依法追究刑事责任的规定。

有组织犯罪危害国家安全、公共安全、人民生命财产安全，是综合性的严重犯罪，应当依法予以严厉惩处。本条第1款规定，对以下三种犯罪行为，应依法追究刑事责任：

(1)组织、领导、参加黑社会性质组织。这里的"组织"，是倡导、发起、策划、建立黑社会性质组织的行为。"领导"，是指在黑社会性质的组织中处于领导地位，对该组织的发展、运行、活动进行策划、决策、指挥、协调、管理的行为。组织者、领导者既包括通过一定形式产生的有明确职务、称谓的组织者、领导者，也包括在该组织中被公认的事实上的组织者、领导者。"参加"，既包括积极参加，也包括一般参加。积极参加黑社会性质组织，是指积极、主动加入黑社会性质组织的行为，包括多次积极参与该组织的违法犯罪活动，或者在违法犯罪活动中作用突出,或者在组织中起重要作用等。一般参加黑社会性质组织,是指在黑社会性质的组织中,除组织、领导和积极参加者外,其他参加该组织的成员。实践中,对于一些只参加黑社会性质组织,没有实施其他违法犯罪活动的,或者受蒙蔽、胁迫参加黑社会性质组织,情节显著轻微的,一般不应作为犯罪处理。根据《刑法》第294条第1款的规定,组织、领导黑社会性质的组织的,处7年以上有期徒刑,并处没收财产;积极参加的,处3年以上7年以下有期徒刑,可以并处罚金或者没收财产;其他参加的,处3年以下有期徒刑、拘役、管制或者剥夺政治权利,可以并处罚金。

(2)国家机关工作人员包庇、纵容黑社会性质组织。"国家机关工作人员",是指在国家机关中行使一定职权、履行一定职务的人员。在国家机关中从事劳务性工作的人员,如司机、门卫、炊事员、清洁工等勤杂人员,不属于国家机关工作人员范畴。"包庇黑社会性质组织",是指国家机关工作人员为使黑社会性质组织及其成员逃避查禁,而通风报信,隐匿、毁灭、伪造证据,阻止他人作证、检举揭发,指使他人作伪证,帮助逃匿,或者阻挠其他国家机关工作人员依法查禁等行为。"包庇"行为,不要求相关国家机关工作人员利用职务便利。"纵容黑社会性质组织",是指国家机关工作人员不依法履行职责,对黑社会性质组织的违法犯罪活动不依法制止,甚至放纵的行为。根据《刑法》第294条第3款的规定,国家机关工作人员包庇黑社会性质的组织,或者纵容黑社会性质的组织进行违法犯罪活动的,处5年以下有期徒刑;情节严重的,处5年以上有期徒刑。

(3)黑社会性质组织和恶势力组织实施的犯罪。对黑社会性质组织和恶势力组织实施的犯罪,应当按照具体犯罪行为触犯的《刑法》规定追究刑事责任。实践中,黑社会性质组织和恶势力组织往往触犯多种违法犯罪行为,常常包括寻衅滋事、敲诈勒索、强迫交易、故意毁坏公私财物、故意杀人、故意伤害等;符合《刑法》规定的,还应当分别对其违法犯罪行为进行评价;构成犯罪且需要追究刑事责任的,应当数罪并罚。

本条第2款是关于对境外的黑社会组织的人员入境发展成员、

实施犯罪，以及在境外对中华人民共和国国家或者公民犯罪的，依法追究刑事责任的规定。“境外的黑社会组织”，是指被境外国家和地区确定为黑社会的组织，既包括外国的黑社会组织，也包括我国香港特别行政区、澳门特别行政区和台湾地区的黑社会组织。“到中华人民共和国境内发展组织成员”，是指境外黑社会组织通过引诱、拉拢、腐蚀、强迫、威胁、暴力、贿赂等手段，在我国境内将境内或者境外人员吸收为该黑社会组织成员的行为。根据《刑法》第294条第2款的规定，境外的黑社会组织的人员到中华人民共和国境内发展组织成员的，处3年以上10年以下有期徒刑。

关联法规

《刑法》第294条

《关于审理黑社会性质组织犯罪的案件具体应用法律若干问题的解释》

第六十七条　【涉未成年人有组织犯罪的刑事责任】发展未成年人参加黑社会性质组织、境外的黑社会组织，教唆、诱骗未成年人实施有组织犯罪，或者实施有组织犯罪侵害未成年人合法权益的，依法从重追究刑事责任。

条文注释

本条是关于有组织犯罪涉及未成年人应当依法从重追究刑事责任的规定；包括发展未成年人参加境内外涉黑组织的，教唆、诱骗未成年人实施有组织犯罪的，以及侵害未成年人合法权益的情形。

为进一步保护未成年人合法权益，依法从严惩治发展未成年组织成员，以及教唆、诱骗等利用未成年人实施有组织犯罪的行为，本条规定要依法从重追究刑事责任。这一规定与国际通行做法是衔接的，主要有以下三种情形：

(1)发展未成年人参加黑社会性质组织、境外的黑社会组织的，依法从重追究刑事责任。“发展未成年人”，是指通过引诱、拉拢、强迫、威胁、暴力等手段，黑社会性质组织的人员在我国境内将未成年人吸收为组织成员,或者境外的黑社会组织人员入境将我国未成年人吸收为组织成员的行为。根据本条规定,发展未成年人参加黑社会性质组织、境外的黑社会组织的,可以分别按照《刑法》第294条规定的组织、领导、参加黑社会性质组织罪和入境发展黑社会组织罪依法从重处罚。“依法从重”是指根据《刑法》第62条的规定,在法定刑的限度以内从重判处刑罚。

(2)教唆、诱骗未成年人实施有组织犯罪的,依法从重追究刑事责任。“教唆、诱骗未成年人实施有组织犯罪”,是指通过对有组织犯罪的宣传、示范有组织犯罪方法或者对未成年人进行蛊惑、采用欺骗手段在未成年人不知情的情况下利用其实施有组织犯罪等行为,未成年人通常是在有组织犯罪组织及其成员的宣传、诱惑、欺骗、教唆下实施本法第2条规定的有组织犯罪。《刑法》第29条规定,对于教唆犯,应当按照他在共同犯罪中所起的作用处罚,即按照教唆犯罪的人教唆的方法、手段及教唆的程度对完成共同犯罪所起的作用进行处罚。教唆犯在共同犯罪中起主要作用的,按主犯处罚;起次要作用的,按从犯处罚。另外,《刑法》第29条还明确规定“教唆不满十八周岁的人犯罪的,应当从重处罚”。结合《刑法》相关规定和保护未成年人的有关精神,本条规定教唆、诱骗未成年人实施有组织犯罪的,应当依法从重追究刑事责任。需要注意的是,如果教唆、诱骗未达到刑事责任年龄的人实施有组织犯罪,虽然按照《刑法》的规定不对未成年人追究刑事责任,但是对于教唆犯,仍然应当按照实行犯的规定,从重处罚。

(3)实施有组织犯罪侵害未成年人合法权益的,依法从重追究刑事责任。由于未成年人身心发展尚不成熟,有组织犯罪的侵害往往会给未成年人带来更大的伤害,根据《刑法》保护未成年人合法权益的精神和有关司法实践做法,一方面,本法第11条规定了教育行政部门、学校应当会同有关部门建立防范有组织犯罪侵害校园工作机制,防范学生遭到有组织犯罪的侵害。学校发现有组织犯罪侵害学生人身、财产安全,妨害校园及周边秩序的,应当及时制止,采取防范措施,并向公安机关和教育行政部门报告。另一方面,本条规定对于实施有组织犯罪侵害未成年人合法权益的，应当依法从重追究刑事责任。

第六十八条 【从业禁止】对有组织犯罪的罪犯，人民法院可以依照《中华人民共和国刑法》有关从业禁止的规定，禁止其从事相关职业，并通报相关行业主管部门。

条文注释

在涉黑恶势力犯罪案件中，黑恶势力的发展壮大过程往往伴随攫取大量经济利益的目的，同时攫取的巨额利润又反过来为有组织犯罪组织的发展壮大提供了经济保障和支撑。为了有效消灭黑恶势力组织的经济来源，预防再犯罪，强化刑罚执行效果，根据《刑法》第 37 条之一关于从业禁止的规定，制定了本条关于有组织犯罪成员从业禁止的规定。

对于黑社会性质组织的组织者、领导者、参加者，恶势力组织的首要分子以及组织成员，均可以适用《刑法》有关从业禁止的规定。“禁止其从事相关职业”或者称为“从业禁止”，是指人民法院对于实施特定犯罪被判处刑罚的人，依法禁止其在一定期限内从事相关职业，以预防其再犯罪的法律措施。根据《刑法》第 37 条之一第 1 款的规定，人民法院可以根据犯罪情况和预防再犯罪的需要，禁止罪犯自刑罚执行完毕之日或者假释之日起从事相关职业，期限为 3 ~ 5 年。“根据犯罪情况和预防再犯罪的需要”，是指人民法院根据有组织犯罪的事实、性质、情节、社会危害程度等，以及有组织犯罪的罪犯的主观恶性、再次犯罪的可能性等确定。对于主观恶性较小、犯罪情节较轻、再犯罪可能性较小的，可以不适用从业禁止的有关规定。从业禁止应当在判决中同时确定，从业禁止的具体内容和时间应当体现在裁判中，具有强制性的法律效力，被禁止从事相关职业的人必须遵守。从业禁止应当自刑罚执行完毕或者假释之日起，期限是 3 ~ 5 年。根据设置从业禁止的立法目的，其效力当然适用于刑罚执行期间，包括暂予监外执行期间等。人民法院可以根据犯罪情况和预防再犯罪的需要，在 3～5 年内，酌情确定从业禁止的具体期限。

本条规定人民法院在作出从业禁止规定的同时，要通报相关行业主管部门。“相关行业主管部门”，指的是禁止有组织犯罪的罪犯从事职业所在的行业主管部门，包括市场监管、金融监管、自然资源、交通运输等行业主管部门。根据本法第 13 条的规定，行业主管部门应当会同公安机关，建立健全行业有组织犯罪预防和治理长效机制，对相关行业领域内有组织犯罪情况进行监测分析，对有组织犯罪易发的行业领域加强监督管理。除了人民法院应当将从业禁止决定及时通报行业主管部门外，刑罚执行机关在刑罚执行完毕时，以及人民法院在作出同意假释决定时，均应当将相应刑罚执行完毕证明、同意假释决定书等及时抄送相关行业主管部门，以便其加强监督管理。

为保证从业禁止规定在实际执行中能够落实到位，《刑法》第 37 条之一从两个方面规定了违反从业禁止决定的法律后果：一是被禁止从事相关职业的人违反人民法院依法作出的从业禁止的决定的，由公安机关依法给予处罚。这主要是针对违反人民法院作出的从业禁止决定，但情节比较轻微，尚不构成犯罪的情形。二是情节严重的，依照《刑法》第 313 条“拒不执行判决、裁定罪”的规定定罪处罚。这里规定的“情节严重”，主要是指违反人民法院从业禁止决定，经有关方面劝告、责令改正仍不改正的，因违反从业禁止决定受到行政处罚后又违反的，或者违反从业禁止决定在从业过程中又有不法行为等情形，具体需要结合行为人违反从业禁止的情形，根据《刑法》第 313 条的规定确定：对人民法院的判决、裁定有能力执行而拒不执行，情节严重的，处 3 年以下有期徒刑、拘役或者罚金；情节特别严重的，处 3 年以上 7 年以下有期徒刑，并处罚金。

第六十九条　【对尚不构成犯罪情形的处罚】有下列情形之一，尚不构成犯罪的，由公安机关处五日以上十日以下拘留，可以并处一万元以下罚款；情节较重的，处十日以上十五日以下拘留，并处一万元以上三万元以下罚款；有违法所得的，除依法应当返还被害人的以外，应当予以没收：

（一）参加境外的黑社会组织的；

（二）积极参加恶势力组织的；

（三）教唆、诱骗他人参加有组织犯罪组织，或者阻止他人退出有组织犯罪组织的；

（四）为有组织犯罪活动提供资金、场所等支持、协助、便利的；

（五）阻止他人检举揭发有组织犯罪、提供有组织犯罪证据，或者明知他人有有组织犯罪行为，在司法机关向其调查有关情况、收集有关证据时拒绝提供的。

教唆、诱骗未成年人参加有组织犯罪组织或者阻止未成年人退出有组织犯罪组织，尚不构成犯罪的，依照前款规定从重处罚。

条文注释

本条第1款是关于五种尚不构成犯罪但应当给予行政处罚的情形的规定，具体包括：

（1）参加境外的黑社会组织的。《刑法》第294条规定，组织、领导、参加黑社会性质组织的，应当依法追究刑事责任。对于单纯参加境外的黑社会组织的行为，《刑法》没有单独罪名。按照《刑法》《反恐怖主义法》等相关规定，如果参加境外黑社会组织后，有危害国家安全、资助恐怖活动、入境发展组织成员等犯罪行为，依照《刑法》相关规定给予刑事处罚。对单纯参加境外黑社会组织，没有实施其他犯罪行为的，虽然《刑法》没有规定为犯罪，但由于参加境外黑社会组织往往是实施危害国家安全犯罪、黑恶势力犯罪的准备行为，有必要给予行政处罚，有利于违法行为人认识并改正错误。

(2)积极参加恶势力组织的。恶势力组织的积极参加者通常应当依法被追究刑事责任。但是，在实践中还存在因临时雇用或者被利用以及受蒙蔽参与恶势力违法犯罪活动的一类人。对于这类人，虽然在行为次数上符合“积极参加”的特征，但一般不认定为恶势力成员。情节显著轻微，不构成犯罪的，不追究刑事责任，但应当依法给予行政处罚。

(3)教唆、诱骗他人参加有组织犯罪组织，或者阻止他人退出有组织犯罪组织的。教唆、诱骗他人参加有组织犯罪组织，构成犯罪的，应当依法追究刑事责任。但是仅仅实施教唆、诱骗或者阻止其退出组织的行为，被教唆、诱骗人未实施犯罪或者情节显著轻微的，无须对教唆、诱骗或者阻止退出行为本身追究刑事责任，应当对其予以行政处罚，并加以管制。

(4)为有组织犯罪活动提供资金、场所等支持、协助、便利的。首先，构成本项情形，行为人应明知他人在实施有组织犯罪活动。如果行为人对此并不明知而提供了支持、协助、便利，则不能认定为本项规定的情形。其次，行为人为有组织犯罪活动提供了信息、资金、物质、劳务、技术、场所等支持、协助、便利。如向他人提供供组织运转或者犯罪活动的资金支持，提供采购管制刀具、爆炸物的方式方法，提供伪造材料、他人的身份证明文件，提供招募、运送服务，提供活动场所、训练基地等。

(5)阻止他人检举揭发有组织犯罪、提供有组织犯罪证据，或者明知他人有有组织犯罪行为，在司法机关向其调查有关情况、收集有关证据时拒绝提供的。这里所说的“拒绝提供”，包括拒绝向司法机关讲述其了解的相关情况，拒绝向司法机关提交有关证据。拒绝提供的表现形式是多种多样的：有的表现为推诿、躲避；有的表现为装糊涂；有的表现为只陈述枝节问题，而隐匿关键情节；还有的甚至就直接拒绝等。考虑到有组织犯罪的性质和社会危害性，对于实践中拒绝提供证据和有关情况，以及阻止他人检举揭发、提供证据的，即使是情节轻微,尚不构成犯罪的,也应当予以行政处罚。

存在本条第1款所列的五项情形之一,只有情节显著轻微,尚不构成犯罪的,才能适用。认定是否属于"情节显著轻微,尚不构成犯罪"的,应当结合其行为的社会危害性、行为人的人身危险性,行为人上述活动中发挥的作用以及事后的表现等综合判断。

为进一步保护未成年人合法权益,依法从严惩治教唆、诱骗未成年人参加或者阻止其退出的行为,本条第2款规定,教唆、诱骗未成年人参加有组织犯罪组织或者阻止未成年人退出有组织犯罪组织,尚不构成犯罪的,依照本条第1款规定从重处罚。

关联法规

《公安机关反有组织犯罪工作规定》第72条

第七十条　【违反财产报告制度的处罚】违反本法第十九条规定,不按照公安机关的决定如实报告个人财产及日常活动的,由公安机关给予警告,并责令改正;拒不改正的,处五日以上十日以下拘留,并处三万元以下罚款。

条文注释

本条是关于违反财产报告制度的处罚的规定。

"违反本法第十九条规定,不按照公安机关的决定如实报告"包括以下几种情形:(1)不报告个人财产或者日常活动的;(2)虚假报告个人财产或者日常活动的;(3)未按照公安机关决定的日期、方式等报告的。上述情形,个人财产和日常活动中有一项不如实报告即可适用本法规定。

本条规定的"公安机关",并非作出财产报告决定的设区的市级以上公安机关,而是指按照国家有关规定应当执行该财产报告制度的公安机关,一般是行为人所在地的基层公安机关。对于行为人初次、偶尔不履行报告义务,虚假报告,或者不履行情节轻微的,如报告延迟不积极,应当先由公安机关给予警告并责令改正。"拒不改正的",是指行为人经公安机关警告后,仍不履行个人财产及日常生活报告义务,采取欺骗手段虚假报告或者有其他违反报告义务的情节,公安机关有权对行为人处5日以上10日以下拘留,并处3万元以下罚款。

需要注意的是,本条规定的由公安机关给予的警告、罚款和拘留的处罚,属于行政处罚,应当同时遵守《行政处罚法》的有关规定。按照《行政处罚法》第44、45条的规定,行政机关在作出行政处罚决定之前,应当告知当事人拟作出的行政处罚内容及事实、理由、依据,并告知当事人依法享有的陈述、申辩、要求听证等权利。当事人有权进行陈述和申辩。行政机关必须充分听取当事人的意见,对当事人提出的事实、理由和证据应当进行复核;当事人提出的事实、理由或者证据成立的,行政机关应当采纳。根据《行政处罚法》的规定,当事人对行政处罚决定不服的,可以依法申请行政复议或者提起行政诉讼。当事人对行政处罚决定不服申请行政复议或者提起行政诉讼的,行政处罚不停止执行,法律另有规定的除外。

关联法规

《公安机关反有组织犯罪工作规定》第73条

第七十一条 【对金融机构等相关单位不履行紧急止付、临时冻结义务的处罚】金融机构等相关单位未依照本法第二十七条规定协助公安机关采取紧急止付、临时冻结措施的,由公安机关责令改正;拒不改正的,由公安机关处五万元以上二十万元以下罚款,并对直接负责的主管人员和其他直接责任人员处五万元以下罚款;情节严重的,公安机关可以建议有关主管部门对直接负责的主管人员和其他直接责任人员依法给予处分。

条文注释

本条是关于对金融机构等相关单位未协助公安机关采取紧急止付、临时冻结措施的处罚的规定。

根据本条规定,金融机构等相关单位未依照本法第27条规定协助公安机关采取紧急止付、临时冻结措施的,应当依法承担相应的法律责任。协助公安机关采取紧急止付、临时冻结措施的义务主体是金融机构等相关单位。这里的“金融机构”,是指依法设立的从事金融业务的政策性银行、商业银行、信用合作社、邮政储汇机构、信托投资公司、证券公司、期货经纪公司、保险公司等金融机构。此外,支付宝、微信等第三方支付公司也应当协助公安机关对有关黑社会性质组织犯罪涉案账户采取紧急止付、临时冻结措施。

本条区分不同情形,对金融机构等相关单位未协助公安机关采取紧急止付、临时冻结措施的法律责任作了规定:

(1)责令改正。即对未协助公安机关采取紧急止付、临时冻结措施的有关单位,由公安机关责成其采取有效措施纠正错误做法。责令改正是为了让有关单位纠正违法行为,并没有减损有关单位的权益或者增加有关单位的义务。责令改正不具有惩戒性,不属于行政处罚。

(2)罚款。本条规定的是双罚制,既对金融机构等相关单位进行处罚,也对直接负责的主管人员和其他直接责任人员予以处罚,进行处罚的前提是“拒不改正”。这里的“拒不改正”,是指经公安机关责令改正后,仍不协助采取紧急止付、临时冻结措施。“直接负责的主管人员”,是指单位中负有相关管理职责的主要负责人,可以是单位的法定代表人、主要负责人、部门负责人、直接负责相关工作的管理人员。“其他直接责任人员”,是指单位违反规定的行为中具体负责实施并发挥较大作用的人员。

(3)处分。这里规定的“处分”主要是一种纪律处分。由于金融机构不是国家机关,其工作人员通常不是公务员,所以对其处分属于纪律处分,包括内部工作纪律处分和党内纪律处分。如果违反本条规定的金融机构的直接负责的主管人员和其他直接责任人员是中共党员,除了给予内部工作纪律处分外,还要根据《中国共产党纪律处分条例》的规定,由党组织给予党内纪律处分,包括警告、严重警告、撤销党内职务、留党察看、开除党籍五种。

关联法规

《公安机关反有组织犯罪工作规定》第74条

第七十二条　【电信业务经营者、互联网服务提供者违反本法规定的处罚】电信业务经营者、互联网服务提供者有下列情形之一的，由有关主管部门责令改正；拒不改正或者情节严重的，由有关主管部门依照《中华人民共和国网络安全法》的有关规定给予处罚：

（一）拒不为侦查有组织犯罪提供技术支持和协助的；

（二）不按照主管部门的要求对含有宣扬、诱导有组织犯罪内容的信息停止传输、采取消除等处置措施、保存相关记录的。

条文注释

本条对电信业务经营者、互联网服务提供者列举了两项予以处罚的情形：

（1）拒不为侦查有组织犯罪提供技术支持和协助。实践中通常包括以下行为：电信业务经营者、互联网服务提供者未按照国家标准，在有关设备上配置供公安机关侦查有组织犯罪活动使用的技术接口；在公安机关侦查有组织犯罪活动的过程中，拒绝通过技术接口为公安机关获取有关数据保留必要的技术通道，使公安机关难以获得有关数据，无法顺利开展对有组织犯罪活动的侦查工作；对于公安机关在侦查有组织犯罪活动中需要对在网络传输过程中加密的信息进行解密时，拒绝向公安机关提供技术支持，等等。这些行为使公安机关难以有效开展侦查工作，在预防和惩治有组织犯罪，追究犯罪分子的法律责任上遇到困难，应当依法予以处罚。

（2）不按照主管部门的要求对含有宣扬、诱导有组织犯罪内容的信息停止传输、采取消除等处置措施、保存相关记录。当网信、电信、公安等主管部门对网络上出现含有宣扬、诱导有组织犯罪内容的信息时，要求电信业务经营者、互联网服务提供者采取有关措施时，电信业务经营者、互联网服务提供者拒绝采取措施或者未按照要求采取措施，比如，拖延采取相关措施，或者虽然停止传输、消除了有关信息，但没有按照要求对有关信息内容和网络日志信息记录等进行备份和留存。这些行为不仅不利于及时清除网络上含有宣扬、诱导有组织犯罪内容的有害信息，而且可能使相关证据缺失，影响公安机关依法查处网络上的有组织犯罪行为，具有一定的社会危害性。

本条规定的“主管部门”，是指法律、行政法规规定的电信、互联网监督管理部门，包括工信部门、网信部门等。

本条区分不同情节，对电信业务经营者、互联网服务提供者的法律责任作了规定：一是责令改正；二是对拒不改正或者情节严重的，由有关主管部门依照《网络安全法》的有关规定给予处罚。

关联法规

《网络安全法》第 69 条

《刑法》第 286 条之一

第七十三条　【拒不履行、拖延履行及拒不配合反有组织犯罪法定职责的法律责任】有关国家机关、行业主管部门拒不履行或者拖延履行反有组织犯罪法定职责，或者拒不配合反有组织犯罪调查取证，或者在其他工作中滥用反有组织犯罪工作有关措施的，由其上级机关责令改正；情节严重的，对负有责任的领导人员和直接责任人员，依法给予处分；构成犯罪的，依法追究刑事责任。

条文注释

本条是关于拒不履行、拖延履行及拒不配合反有组织犯罪法定职责的法律责任的规定。

本条中的“有关国家机关、行业主管部门”，是指根据本法的规定开展反有组织犯罪工作的国家机关、相关行业主管部门。如本法第 2 章中规定的各级人民政府、监察机关、人民法院、人民检察院、公安机关、司法行政机关、国务院反洗钱行政主管部门以及教育、民政、

海关、市场监管、自然资源、交通运输、网信、电信等行业主管部门。有关国家机关、行业主管部门失职渎职行为具体包括三种情形:

(1)拒不履行或者拖延履行,是指开展反有组织犯罪工作的有关国家机关、行业主管部门严重不负责任,对于自己应当履行的职责,不履行、放弃职守或者拖延履行职责义务。

(2)拒不配合反有组织犯罪调查取证,是指负有配合义务的有关国家机关、行业主管部门拒不配合。这里的“拒不配合”,应当是主观上出于故意的行为,是指明知应当配合有关国家机关开展反有组织犯罪调查取证,在有关部门要求其协助、配合时,无正当理由,拒绝配合,从而影响反有组织犯罪工作的开展。

(3)滥用反有组织犯罪工作有关措施,是指反有组织犯罪工作有关国家机关、行业主管部门超越职权,违法决定、处理其无权决定、处理的事项,或者违反规定处理相关工作。比如,反有组织犯罪工作有关国家机关、行业主管部门违反法律规定的条件、程序,或者违反国家反有组织犯罪工作要求,对不应当采取技术侦查措施的情形擅自采取技术侦查措施,或者擅自采取查封、扣押、冻结措施等。

本条区分不同情节,对有关国家机关、行业主管部门的法律责任作了规定:一是,责令改正。即对拒不履行或者拖延履行反有组织犯罪法定职责,或者拒不配合反有组织犯罪调查取证,或者在其他工作中滥用反有组织犯罪工作有关措施的有关国家机关、行业主管部门,由其上级机关责成采取有效措施纠正错误做法。二是,情节严重的,对负有责任的领导人员和直接责任人员,依法给予处分。这里所说的“依法给予处分”,既包括单位内部规定的处分,也包括依照《公职人员政务处分法》等有关法律法规给予处分。

本条规定,构成犯罪的,依法追究刑事责任。根据反有组织犯罪有关国家机关、行业主管部门履行职责的具体情况,其负有责任的领导人员和直接责任人员可能构成滥用职权罪和玩忽职守罪。

关联法规

《刑法》第277、397条

《治安管理处罚法》第50条

第七十四条 【违反保密义务的法律责任】有关部门和单位、个人应当对在反有组织犯罪工作过程中知悉的国家秘密、商业秘密和个人隐私予以保密。违反规定泄露国家秘密、商业秘密和个人隐私的，依法追究法律责任。

条文注释

本条是关于反有组织犯罪工作保密以及违反规定泄密的法律责任的规定。

“国家秘密”，是指关系国家安全和利益，依照法定程序确定，在一定时间内只限一定范围的人员知悉的事项。下列涉及国家安全和利益的事项，泄露后可能损害国家在政治、经济、国防、外交等领域的安全和利益的，应当确定为国家秘密：国家事务重大决策中的秘密事项；国防建设和武装力量活动中的秘密事项；外交和外事活动中的秘密事项以及对外承担保密义务的秘密事项；国民经济和社会发展中的秘密事项；科学技术中的秘密事项；维护国家安全活动和追查刑事犯罪中的秘密事项；经国家保密行政管理部门确定的其他秘密事项。政党的秘密事项中符合前述规定的，属于国家秘密。国家秘密的密级分为绝密、机密、秘密三级。根据《保守国家秘密法》的有关规定，一切国家机关和武装力量、各政党和各人民团体、企业事业组织和其他社会组织以及公民都有保密的义务。反有组织犯罪工作的有关部门和单位、个人对于履行反有组织犯罪工作职责、义务过程中知悉的国家秘密当然也应当保密，这是对《保守国家秘密法》有关内容的重申。

“商业秘密”，是指不为公众所知悉、具有商业价值并经权利人采取相应保密措施的技术信息、经营信息等商业信息。技术信息，包括技术配方、技术诀窍、工艺流程等。经营信息，是指采取什么方式进行经营等有关经营的重大决策以及与自己有业务往来的客户的情况等。商业秘密都具有一定的经济价值，必须予以保护，以维护社会主义市场经济秩序。

“个人隐私”，是指公民不愿意公开的、与其人身权密切相关的、隐秘的事件或者事实，如个人财产、住址、生育能力、收养子女等。对这些信息应当予以保密，不得非法向外界泄露、传播、扩散，让不该知悉的人知悉。根据《民法典》第 1032 条的规定，自然人享有隐私权。任何组织或者个人不得以刺探、侵扰、泄露、公开等方式侵害他人的隐私权。隐私是自然人的私人生活安宁和不愿为他人知晓的私密空间、私密活动、私密信息。

违反规定泄露国家秘密、商业秘密和个人隐私的，依法追究法律责任。这里的“泄露”，是指行为人把自己掌握或者知悉的国家秘密、商业秘密和个人隐私让不应知悉者知悉的行为。泄露的方式是多种多样的：既可以是口头泄露，也可以是书面泄露；既可以是用交给实物的方式泄露，也可以是用发送电子信函的方式泄露，等等。

本条规定的法律责任主体包括所有在反有组织犯罪工作过程中知悉国家秘密、商业秘密和个人隐私的有关部门和单位、个人。

关于泄露国家秘密的法律责任，根据《保守国家秘密法》的有关规定，违反规定泄露国家秘密的，依法给予处分；构成犯罪的，依法追究刑事责任；对于尚不构成犯罪，且不适用处分的人员，由保密行政管理部门督促其所在机关、单位予以处理。根据《刑法》第 398 条的规定，违反《保守国家秘密法》的规定，故意或者过失泄露国家秘密，情节严重的，处 3 年以下有期徒刑或者拘役；情节特别严重的，处 3 年以上 7 年以下有期徒刑。对于尚不构成犯罪的，应当依法给予处分，或者承担相应民事责任。

关于泄露商业秘密的法律责任，根据《刑法》第 219 条的规定，违反保密义务或者违反权利人有关保守商业秘密的要求，披露、使用或者允许他人使用其所掌握的商业秘密，情节严重的，处 3 年以下有期徒刑，并处或者单处罚金；情节特别严重的，处 3 年以上 10 年以下有期徒刑，并处罚金。对于尚不构成犯罪的，应当依法给予处分，或者承担相应民事责任。

关于泄露个人隐私的法律责任，根据《刑法》第 246 条的规定，以暴力或者其他方法公然侮辱他人或者捏造事实诽谤他人，情节严重的，处3年以下有期徒刑、拘役、管制或者剥夺政治权利。根据《刑法》第253条之一的规定，违反国家有关规定，向他人出售或者提供公民个人信息，情节严重的，处3年以下有期徒刑或者拘役，并处或者单处罚金；情节特别严重的，处3年以上7年以下有期徒刑，并处罚金。违反国家有关规定，将在履行职责或者提供服务过程中获得的公民个人信息，出售或者提供给他人的，依照《刑法》第253条之一第1款的规定从重处罚。窃取或者以其他方法非法获取公民个人信息的，依照《刑法》第253条之一第1款的规定处罚。单位犯《刑法》第253条之一前三款罪的，对单位判处罚金，并对其直接负责的主管人员和其他直接责任人员，依照各该款的规定处罚。对于尚不构成犯罪的，应当依法给予处分，或者承担相应民事责任。

此外，《刑法》第308条之一第1款规定，司法工作人员、辩护人、诉讼代理人或者其他诉讼参与人，泄露依法不公开审理的案件中不应当公开的信息，造成信息公开传播或者其他严重后果的，处3年以下有期徒刑、拘役或者管制，并处或者单处罚金。

第七十五条　【国家工作人员涉有组织犯罪的处理】国家工作人员有本法第五十条、第五十二条规定的行为，构成犯罪的，依法追究刑事责任；尚不构成犯罪的，依法给予处分。

条文注释

本条是关于国家工作人员涉有组织犯罪处理的规定。

本条区分不同情节，对有关国家工作人员的法律责任作了规定：一是尚不构成犯罪的，依法给予处分。这里所说的“依法给予处分”，既包括单位内部规定的处分，也包括依照《公职人员政务处分法》等有关法律法规给予处分。政务处分具体包括警告、记过、记大过、降级、撤职、开除。二是构成犯罪的，依法追究刑事责任。违反本法第50条涉及的罪名有组织、领导、参加黑社会性质组织罪和包庇、纵容黑社会性质组织罪，依照《刑法》第294条规定追究刑事责任；违反本法第52条行为所涉及的罪名有滥用职权罪、玩忽职守罪、徇私枉法罪、妨害作证罪、打击报复证人罪、帮助犯罪分子逃避处罚罪、洗钱罪等，依照《刑法》第397、399、307、308、417、191条的规定追究刑事责任。

第七十六条　【行政复议、行政诉讼】有关单位和个人对依照本法作出的行政处罚和行政强制措施决定不服的，可以依法申请行政复议或者提起行政诉讼。

条文注释

本条是关于对行政处罚和行政强制措施决定不服的，可以依法申请行政复议或者提起行政诉讼的规定。

本条规定的申请主体是对依照本法作出的有关行政处罚和行政强制措施不服的行政相对人，包括单位和个人。本法根据反有组织犯罪工作的实践需要，设定了一些具体的行政处罚和行政强制措施。行政处罚是特定的行政主体对违反行政管理秩序但尚未构成犯罪的有关单位、个人予以制裁的行政行为，包括警告、罚款、行政拘留、没收违法所得、没收非法财物、责令停产停业、暂扣或者吊销许可证件等。行政强制措施是行政机关在行政管理过程中，为制止违法行为、防止证据损毁、避免危害发生、控制危险扩大等情形，依法对公民的人身自由实施暂时性限制，或者对公民、法人或者其他组织的财物实施暂时性控制的行为，包括限制公民人身自由，查封场所、设施或者财物，扣押财物，冻结存款、汇款等。

需要注意的是，本法规定的行政处罚和行政强制措施在具体执行中，既要符合本法的具体规定，也要符合《行政处罚法》和《行政强制法》包括程序在内的相应规定。如《行政处罚法》规定，行政处罚遵循公正、公开原则，行政处罚由具有行政处罚权的行政机关在法定职权范围内实施等；《行政强制法》规定，行政强制的实施应当适当，采用非强制手段可以达到行政管理目的的，不得实施行政强制，应当坚持教育与强制相结合等。上述法律中还规定，公民、法人或者其他组织对行政机关所给予的行政处罚、实施的行政强制，享有陈述权、申辩权。

本条规定可以采取的救济措施包括行政复议或者行政诉讼两种方式。行政复议，是指公民、法人或者其他组织不服行政机关的处罚决定、侵犯其合法权益的，在一定期限内，依法向行政复议机关提出行政复议申请，接受申请的行政复议机关根据提出的申请，按照法律、法规的规定对原具体行政行为的合法性和适当性进行复查，在规定的时限内作出维持、变更或者撤销原具体行政行为的决定。行政诉讼，是指公民、法人或者组织不服行政机关的处罚决定、行政强制措施决定等，认为行政机关和行政机关工作人员的具体行政行为侵犯其合法权益的，在一定期限内，依法向人民法院提起诉讼，由人民法院对具体行政行为是否合法进行审查并作出裁判；但对法律规定由行政机关最终裁决的具体行政行为，人民法院不受理公民、法人或者其他组织提起的诉讼。

一般来说，不服行政处罚决定、行政强制措施决定而申请复议或者提起诉讼的，主要有以下三种情况：(1)原行政处罚决定、行政强制措施决定认定的事实错误。比如，行政处罚或者行政强制措施的对象错误，误罚了案外人或者对与案件无关的财务采取了查封、扣押、冻结等措施。(2)原行政处罚决定、行政强制措施决定适用法律不当。(3)原行政处罚决定、行政强制措施决定的作出不符合法定程序。

第九章　附　　则

第七十七条　【施行日期】本法自 2022 年 5 月 1 日起施行。

条文注释

本条是关于本法施行日期的规定。

法律的施行时间，是法律效力的起点。需要注意的是，法律的时间效力问题,还涉及法律对其实施前的行为有无溯及力的问题。法律的溯及力,即溯及既往的效力,是指法律施行后,对生效前的行为是否适用的效力。我国《刑法》的时间效力采用“从旧兼从轻”原则,即对犯罪行为原则上应当适用行为时的法律规定,但如果适用新的法律规定对犯罪人更为有利,则应适用新的法律规定。

附录

中华人民共和国刑法（节录）

（1979 年 7 月 1 日第五届全国人民代表大会第二次会议通过　1997 年 3 月 14 日第八届全国人民代表大会第五次会议修订　根据 1998 年 12 月 29 日《全国人民代表大会常务委员会关于惩治骗购外汇、逃汇和非法买卖外汇犯罪的决定》、1999 年 12 月 25 日《中华人民共和国刑法修正案》、2001 年 8 月 31 日《中华人民共和国刑法修正案（二）》、2001 年 12 月 29 日《中华人民共和国刑法修正案（三）》、2002 年 12 月 28 日《中华人民共和国刑法修正案（四）》、2005 年 2 月 28 日《中华人民共和国刑法修正案（五）》、2006 年 6 月 29 日《中华人民共和国刑法修正案（六）》、2009 年 2 月 28 日《中华人民共和国刑法修正案（七）》、2009 年 8 月 27 日《全国人民代表大会常务委员会关于修改部分法律的决定》、2011 年 2 月 25 日《中华人民共和国刑法修正案（八）》、2015 年 8 月 29 日《中华人民共和国刑法修正案（九）》、2017 年 11 月 4 日《中华人民共和国刑法修正案（十）》、2020 年 12 月 26 日《中华人民共和国刑法修正案（十一）》、2023 年 12 月 29 日《中华人民共和国刑法修正案（十二）》修正）

第二十九条　教唆他人犯罪的，应当按照他在共同犯罪中所起的作用处罚。教唆不满十八周岁的人犯罪的，应当从重处罚。

如果被教唆的人没有犯被教唆的罪，对于教唆犯，可以从轻或者减轻处罚。

第三十七条　对于犯罪情节轻微不需要判处刑罚的，可以免予刑事处罚,但是可以根据案件的不同情况,予以训诫或者责令具结悔过、赔礼道歉、赔偿损失,或者由主管部门予以行政处罚或者行政处分。

第三十七条之一　因利用职业便利实施犯罪,或者实施违背职业要求的特定义务的犯罪被判处刑罚的,人民法院可以根据犯罪情况和预防再犯罪的需要,禁止其自刑罚执行完毕之日或者假释之日起从事相关职业,期限为三年至五年。

被禁止从事相关职业的人违反人民法院依照前款规定作出的决定的,由公安机关依法给予处罚;情节严重的,依照本法第三百一十三条的规定定罪处罚。

其他法律、行政法规对其从事相关职业另有禁止或者限制性规定的,从其规定。

第五十条　判处死刑缓期执行的,在死刑缓期执行期间,如果没有故意犯罪,二年期满以后,减为无期徒刑;如果确有重大立功表现,二年期满以后,减为二十五年有期徒刑;如果故意犯罪,情节恶劣的,报请最高人民法院核准后执行死刑;对于故意犯罪未执行死刑的,死刑缓期执行的期间重新计算,并报最高人民法院备案。

对被判处死刑缓期执行的累犯以及因故意杀人、强奸、抢劫、绑架、放火、爆炸、投放危险物质或者有组织的暴力性犯罪被判处死刑缓期执行的犯罪分子,人民法院根据犯罪情节等情况可以同时决定对其限制减刑。

第五十九条　没收财产是没收犯罪分子个人所有财产的一部或者全部。没收全部财产的,应当对犯罪分子个人及其扶养的家属保留必需的生活费用。

在判处没收财产的时候,不得没收属于犯罪分子家属所有或者应有的财产。

第六十条　没收财产以前犯罪分子所负的正当债务,需要以没收的财产偿还的,经债权人请求,应当偿还。

第六十二条　犯罪分子具有本法规定的从重处罚、从轻处罚情节的,应当在法定刑的限度以内判处刑罚。

第六十四条　犯罪分子违法所得的一切财物,应当予以追缴或者责令退赔;对被害人的合法财产,应当及时返还;违禁品和供犯罪所用的本人财物,应当予以没收。没收的财物和罚金,一律上缴国库,不得挪用和自行处理。

第六十七条 犯罪以后自动投案，如实供述自己的罪行的，是自首。对于自首的犯罪分子，可以从轻或者减轻处罚。其中，犯罪较轻的，可以免除处罚。

被采取强制措施的犯罪嫌疑人、被告人和正在服刑的罪犯，如实供述司法机关还未掌握的本人其他罪行的，以自首论。

犯罪嫌疑人虽不具有前两款规定的自首情节，但是如实供述自己罪行的，可以从轻处罚；因其如实供述自己罪行，避免特别严重后果发生的，可以减轻处罚。

第六十八条 犯罪分子有揭发他人犯罪行为，查证属实的，或者提供重要线索，从而得以侦破其他案件等立功表现的，可以从轻或者减轻处罚；有重大立功表现的，可以减轻或者免除处罚。

第七十八条 被判处管制、拘役、有期徒刑、无期徒刑的犯罪分子，在执行期间，如果认真遵守监规，接受教育改造，确有悔改表现的，或者有立功表现的，可以减刑；有下列重大立功表现之一的，应当减刑：

（一）阻止他人重大犯罪活动的；

（二）检举监狱内外重大犯罪活动，经查证属实的；

（三）有发明创造或者重大技术革新的；

（四）在日常生产、生活中舍己救人的；

（五）在抗御自然灾害或者排除重大事故中，有突出表现的；

（六）对国家和社会有其他重大贡献的。

减刑以后实际执行的刑期不能少于下列期限：

（一）判处管制、拘役、有期徒刑的，不能少于原判刑期的二分之一；

（二）判处无期徒刑的，不能少于十三年；

（三）人民法院依照本法第五十条第二款规定限制减刑的死刑缓期执行的犯罪分子，缓期执行期满后依法减为无期徒刑的，不能少于二十五年，缓期执行期满后依法减为二十五年有期徒刑的，不能少于二十年。

第七十九条 对于犯罪分子的减刑，由执行机关向中级以上人民法院提出减刑建议书。人民法院应当组成合议庭进行审理，对确有悔改或者立功事实的，裁定予以减刑。非经法定程序不得减刑。

第八十一条 被判处有期徒刑的犯罪分子，执行原判刑期二分之一以上，被判处无期徒刑的犯罪分子，实际执行十三年以上，如果认真遵守监规，接受教育改造,确有悔改表现,没有再犯罪的危险的,可以假释。如果有特殊情况,经最高人民法院核准,可以不受上述执行刑期的限制。

对累犯以及因故意杀人、强奸、抢劫、绑架、放火、爆炸、投放危险物质或者有组织的暴力性犯罪被判处十年以上有期徒刑、无期徒刑的犯罪分子,不得假释。

对犯罪分子决定假释时,应当考虑其假释后对所居住社区的影响。

第八十二条 对于犯罪分子的假释,依照本法第七十九条规定的程序进行。非经法定程序不得假释。

第一百九十条 公司、企业或者其他单位,违反国家规定,擅自将外汇存放境外,或者将境内的外汇非法转移到境外,数额较大的,对单位判处逃汇数额百分之五以上百分之三十以下罚金,并对其直接负责的主管人员和其他直接责任人员,处五年以下有期徒刑或者拘役;数额巨大或者有其他严重情节的,对单位判处逃汇数额百分之五以上百分之三十以下罚金,并对其直接负责的主管人员和其他直接责任人员,处五年以上有期徒刑。

第一百九十一条 为掩饰、隐瞒毒品犯罪、黑社会性质的组织犯罪、恐怖活动犯罪、走私犯罪、贪污贿赂犯罪、破坏金融管理秩序犯罪、金融诈骗犯罪的所得及其产生的收益的来源和性质,有下列行为之一的,没收实施以上犯罪的所得及其产生的收益,处五年以下有期徒刑或者拘役,并处或者单处罚金;情节严重的,处五年以上十年以下有期徒刑,并处罚金:

(一)提供资金帐户的;

(二)将财产转换为现金、金融票据、有价证券的;

(三)通过转帐或者其他支付结算方式转移资金的;

(四)跨境转移资产的;

(五)以其他方法掩饰、隐瞒犯罪所得及其收益的来源和性质的。

单位犯前款罪的,对单位判处罚金,并对其直接负责的主管人员和其他直接责任人员,依照前款的规定处罚。

第二百一十九条 有下列侵犯商业秘密行为之一,情节严重的,处三年以下有期徒刑,并处或者单处罚金;情节特别严重的,处三年以上十年以下有期徒刑,并处罚金:

(一)以盗窃、贿赂、欺诈、胁迫、电子侵入或者其他不正当手段获取权利人的商业秘密的;

（二）披露、使用或者允许他人使用以前项手段获取的权利人的商业秘密的；

（三）违反保密义务或者违反权利人有关保守商业秘密的要求，披露、使用或者允许他人使用其所掌握的商业秘密的。

明知前款所列行为，获取、披露、使用或者允许他人使用该商业秘密的，以侵犯商业秘密论。

本条所称权利人，是指商业秘密的所有人和经商业秘密所有人许可的商业秘密使用人。

第二百一十九条之一 为境外的机构、组织、人员窃取、刺探、收买、非法提供商业秘密的，处五年以下有期徒刑，并处或者单处罚金；情节严重的，处五年以上有期徒刑，并处罚金。

第二百四十三条 捏造事实诬告陷害他人，意图使他人受刑事追究，情节严重的，处三年以下有期徒刑、拘役或者管制；造成严重后果的，处三年以上十年以下有期徒刑。

国家机关工作人员犯前款罪的，从重处罚。

不是有意诬陷，而是错告，或者检举失实的，不适用前两款的规定。

第二百四十六条 以暴力或者其他方法公然侮辱他人或者捏造事实诽谤他人，情节严重的，处三年以下有期徒刑、拘役、管制或者剥夺政治权利。

前款罪，告诉的才处理，但是严重危害社会秩序和国家利益的除外。

通过信息网络实施第一款规定的行为，被害人向人民法院告诉，但提供证据确有困难的，人民法院可以要求公安机关提供协助。

第二百五十三条之一 违反国家有关规定，向他人出售或者提供公民个人信息，情节严重的，处三年以下有期徒刑或者拘役，并处或者单处罚金；情节特别严重的，处三年以上七年以下有期徒刑，并处罚金。

违反国家有关规定，将在履行职责或者提供服务过程中获得的公民个人信息，出售或者提供给他人的，依照前款的规定从重处罚。

窃取或者以其他方法非法获取公民个人信息的，依照第一款的规定处罚。

单位犯前三款罪的，对单位判处罚金，并对其直接负责的主管人员和其他直接责任人员，依照各该款的规定处罚。

第二百五十四条 国家机关工作人员滥用职权、假公济私，对控告人、申诉人、批评人、举报人实行报复陷害的，处二年以下有期徒刑或者拘役；情节严重的，处二年以上七年以下有期徒刑。

第二百七十七条 以暴力、威胁方法阻碍国家机关工作人员依法执行职务的，处三年以下有期徒刑、拘役、管制或者罚金。

以暴力、威胁方法阻碍全国人民代表大会和地方各级人民代表大会代表依法执行代表职务的，依照前款的规定处罚。

在自然灾害和突发事件中，以暴力、威胁方法阻碍红十字会工作人员依法履行职责的，依照第一款的规定处罚。

故意阻碍国家安全机关、公安机关依法执行国家安全工作任务，未使用暴力、威胁方法，造成严重后果的，依照第一款的规定处罚。

暴力袭击正在依法执行职务的人民警察的，处三年以下有期徒刑、拘役或者管制；使用枪支、管制刀具，或者以驾驶机动车撞击等手段，严重危及其人身安全的，处三年以上七年以下有期徒刑。

第二百七十八条 煽动群众暴力抗拒国家法律、行政法规实施的，处三年以下有期徒刑、拘役、管制或者剥夺政治权利；造成严重后果的，处三年以上七年以下有期徒刑。

第二百八十六条之一 网络服务提供者不履行法律、行政法规规定的信息网络安全管理义务，经监管部门责令采取改正措施而拒不改正，有下列情形之一的，处三年以下有期徒刑、拘役或者管制，并处或者单处罚金：

（一）致使违法信息大量传播的；

（二）致使用户信息泄露，造成严重后果的；

（三）致使刑事案件证据灭失，情节严重的；

（四）有其他严重情节的。

单位犯前款罪的，对单位判处罚金，并对其直接负责的主管人员和其他直接责任人员，依照前款的规定处罚。

有前两款行为，同时构成其他犯罪的，依照处罚较重的规定定罪处罚。

第二百九十四条 组织、领导黑社会性质的组织的，处七年以上有期徒刑，并处没收财产；积极参加的，处三年以上七年以下有期徒刑，可以并处罚金或者没收财产；其他参加的，处三年以下有期徒刑、拘役、管制或者剥夺政治权利，可以并处罚金。

境外的黑社会组织的人员到中华人民共和国境内发展组织成员的，处三年以上十年以下有期徒刑。

国家机关工作人员包庇黑社会性质的组织，或者纵容黑社会性质的组织进行违法犯罪活动的，处五年以下有期徒刑；情节严重的，处五年以上有期徒刑。

犯前三款罪又有其他犯罪行为的，依照数罪并罚的规定处罚。

黑社会性质的组织应当同时具备以下特征：

（一）形成较稳定的犯罪组织，人数较多，有明确的组织者、领导者，骨干成员基本固定；

（二）有组织地通过违法犯罪活动或者其他手段获取经济利益，具有一定的经济实力，以支持该组织的活动；

（三）以暴力、威胁或者其他手段，有组织地多次进行违法犯罪活动，为非作恶，欺压、残害群众；

（四）通过实施违法犯罪活动，或者利用国家工作人员的包庇或者纵容，称霸一方，在一定区域或者行业内，形成非法控制或者重大影响，严重破坏经济、社会生活秩序。

第三百零七条　以暴力、威胁、贿买等方法阻止证人作证或者指使他人作伪证的，处三年以下有期徒刑或者拘役；情节严重的，处三年以上七年以下有期徒刑。

帮助当事人毁灭、伪造证据，情节严重的，处三年以下有期徒刑或者拘役。

司法工作人员犯前两款罪的，从重处罚。

第三百零八条　对证人进行打击报复的，处三年以下有期徒刑或者拘役；情节严重的，处三年以上七年以下有期徒刑。

第三百零八条之一　司法工作人员、辩护人、诉讼代理人或者其他诉讼参与人，泄露依法不公开审理的案件中不应当公开的信息，造成信息公开传播或者其他严重后果的，处三年以下有期徒刑、拘役或者管制，并处或者单处罚金。

有前款行为，泄露国家秘密的，依照本法第三百九十八条的规定定罪处罚。

公开披露、报道第一款规定的案件信息，情节严重的，依照第一款的规定处罚。

单位犯前款罪的,对单位判处罚金,并对其直接负责的主管人员和其他直接责任人员,依照第一款的规定处罚。

第三百一十二条 明知是犯罪所得及其产生的收益而予以窝藏、转移、收购、代为销售或者以其他方法掩饰、隐瞒的,处三年以下有期徒刑、拘役或者管制,并处或者单处罚金;情节严重的,处三年以上七年以下有期徒刑,并处罚金。

单位犯前款罪的,对单位判处罚金,并对其直接负责的主管人员和其他直接责任人员,依照前款的规定处罚。

第三百一十三条 对人民法院的判决、裁定有能力执行而拒不执行,情节严重的,处三年以下有期徒刑、拘役或者罚金;情节特别严重的,处三年以上七年以下有期徒刑,并处罚金。

单位犯前款罪的,对单位判处罚金,并对其直接负责的主管人员和其他直接责任人员,依照前款的规定处罚。

第三百九十七条 国家机关工作人员滥用职权或者玩忽职守,致使公共财产、国家和人民利益遭受重大损失的,处三年以下有期徒刑或者拘役;情节特别严重的,处三年以上七年以下有期徒刑。本法另有规定的,依照规定。

国家机关工作人员徇私舞弊,犯前款罪的,处五年以下有期徒刑或者拘役;情节特别严重的,处五年以上十年以下有期徒刑。本法另有规定的,依照规定。

第三百九十八条 国家机关工作人员违反保守国家秘密法的规定,故意或者过失泄露国家秘密,情节严重的,处三年以下有期徒刑或者拘役;情节特别严重的,处三年以上七年以下有期徒刑。

非国家机关工作人员犯前款罪的,依照前款的规定酌情处罚。

第三百九十九条 司法工作人员徇私枉法、徇情枉法,对明知是无罪的人而使他受追诉、对明知是有罪的人而故意包庇不使他受追诉,或者在刑事审判活动中故意违背事实和法律作枉法裁判的,处五年以下有期徒刑或者拘役;情节严重的,处五年以上十年以下有期徒刑;情节特别严重的,处十年以上有期徒刑。

在民事、行政审判活动中故意违背事实和法律作枉法裁判,情节严重的,处五年以下有期徒刑或者拘役;情节特别严重的,处五年以上十年以下有期徒刑。

在执行判决、裁定活动中，严重不负责任或者滥用职权，不依法采取诉讼保全措施、不履行法定执行职责，或者违法采取诉讼保全措施、强制执行措施，致使当事人或者其他人的利益遭受重大损失的，处五年以下有期徒刑或者拘役；致使当事人或者其他人的利益遭受特别重大损失的，处五年以上十年以下有期徒刑。

司法工作人员收受贿赂，有前三款行为的，同时又构成本法第三百八十五条规定之罪的，依照处罚较重的规定定罪处罚。

第四百一十七条 有查禁犯罪活动职责的国家机关工作人员，向犯罪分子通风报信、提供便利，帮助犯罪分子逃避处罚的，处三年以下有期徒刑或者拘役；情节严重的，处三年以上十年以下有期徒刑。

全国人民代表大会常务委员会关于《中华人民共和国刑法》第二百九十四条第一款的解释

（2002年4月28日第九届全国人民代表大会常务委员会第二十七次会议通过）

全国人民代表大会常务委员会讨论了刑法第二百九十四条第一款规定的“黑社会性质的组织”的含义问题，解释如下：

刑法第二百九十四条第一款规定的“黑社会性质的组织”应当同时具备以下特征：

（一）形成较稳定的犯罪组织，人数较多，有明确的组织者、领导者，骨干成员基本固定；

（二）有组织地通过违法犯罪活动或者其他手段获取经济利益，具有一

定的经济实力,以支持该组织的活动;

(三)以暴力、威胁或者其他手段,有组织地多次进行违法犯罪活动,为非作恶,欺压、残害群众;

(四)通过实施违法犯罪活动,或者利用国家工作人员的包庇或者纵容,称霸一方,在一定区域或者行业内,形成非法控制或者重大影响,严重破坏经济、社会生活秩序。

中华人民共和国刑事诉讼法(节录)

(1979年7月1日第五届全国人民代表大会第二次会议通过　根据1996年3月17日第八届全国人民代表大会第四次会议《关于修改〈中华人民共和国刑事诉讼法〉的决定》第一次修正　根据2012年3月14日第十一届全国人民代表大会第五次会议《关于修改〈中华人民共和国刑事诉讼法〉的决定》第二次修正　根据2018年10月26日第十三届全国人民代表大会常务委员会第六次会议《关于修改〈中华人民共和国刑事诉讼法〉的决定》第三次修正)

第十五条　犯罪嫌疑人、被告人自愿如实供述自己的罪行,承认指控的犯罪事实,愿意接受处罚的,可以依法从宽处理。

第十八条　根据中华人民共和国缔结或者参加的国际条约,或者按照互惠原则,我国司法机关和外国司法机关可以相互请求刑事司法协助。

第十九条　刑事案件的侦查由公安机关进行,法律另有规定的除外。

人民检察院在对诉讼活动实行法律监督中发现的司法工作人员利用职权实施的非法拘禁、刑讯逼供、非法搜查等侵犯公民权利、损害司法公正的犯罪,可以由人民检察院立案侦查。对于公安机关管辖的国家机关工作人员利用职权实施的重大犯罪案件,需要由人民检察院直接受理的时候,经省级以上人民检察院决定，可以由人民检察院立案侦查。

自诉案件，由人民法院直接受理。

第四十九条 辩护人、诉讼代理人认为公安机关、人民检察院、人民法院及其工作人员阻碍其依法行使诉讼权利的，有权向同级或者上一级人民检察院申诉或者控告。人民检察院对申诉或者控告应当及时进行审查，情况属实的，通知有关机关予以纠正。

第五十条 可以用于证明案件事实的材料，都是证据。

证据包括：

（一）物证；

（二）书证；

（三）证人证言；

（四）被害人陈述；

（五）犯罪嫌疑人、被告人供述和辩解；

（六）鉴定意见；

（七）勘验、检查、辨认、侦查实验等笔录；

（八）视听资料、电子数据。

证据必须经过查证属实，才能作为定案的根据。

第五十七条 人民检察院接到报案、控告、举报或者发现侦查人员以非法方法收集证据的，应当进行调查核实。对于确有以非法方法收集证据情形的，应当提出纠正意见；构成犯罪的，依法追究刑事责任。

第六十四条 对于危害国家安全犯罪、恐怖活动犯罪、黑社会性质的组织犯罪、毒品犯罪等案件，证人、鉴定人、被害人因在诉讼中作证，本人或者其近亲属的人身安全面临危险的，人民法院、人民检察院和公安机关应当采取以下一项或者多项保护措施：

（一）不公开真实姓名、住址和工作单位等个人信息；

（二）采取不暴露外貌、真实声音等出庭作证措施；

（三）禁止特定的人员接触证人、鉴定人、被害人及其近亲属；

（四）对人身和住宅采取专门性保护措施；

（五）其他必要的保护措施。

证人、鉴定人、被害人认为因在诉讼中作证，本人或者其近亲属的人身安全面临危险的，可以向人民法院、人民检察院、公安机关请求予以保护。

人民法院、人民检察院、公安机关依法采取保护措施,有关单位和个人应当配合。

第一百零二条 人民法院在必要的时候,可以采取保全措施,查封、扣押或者冻结被告人的财产。附带民事诉讼原告人或者人民检察院可以申请人民法院采取保全措施。人民法院采取保全措施,适用民事诉讼法的有关规定。

第一百一十条 任何单位和个人发现有犯罪事实或者犯罪嫌疑人,有权利也有义务向公安机关、人民检察院或者人民法院报案或者举报。

被害人对侵犯其人身、财产权利的犯罪事实或者犯罪嫌疑人,有权向公安机关、人民检察院或者人民法院报案或者控告。

公安机关、人民检察院或者人民法院对于报案、控告、举报,都应当接受。对于不属于自己管辖的,应当移送主管机关处理,并且通知报案人、控告人、举报人;对于不属于自己管辖而又必须采取紧急措施的,应当先采取紧急措施,然后移送主管机关。

犯罪人向公安机关、人民检察院或者人民法院自首的,适用第三款规定。

第一百一十一条 报案、控告、举报可以用书面或者口头提出。接受口头报案、控告、举报的工作人员,应当写成笔录,经宣读无误后,由报案人、控告人、举报人签名或者盖章。

接受控告、举报的工作人员,应当向控告人、举报人说明诬告应负的法律责任。但是,只要不是捏造事实,伪造证据,即使控告、举报的事实有出入,甚至是错告的,也要和诬告严格加以区别。

公安机关、人民检察院或者人民法院应当保障报案人、控告人、举报人及其近亲属的安全。报案人、控告人、举报人如果不愿公开自己的姓名和报案、控告、举报的行为,应当为他保守秘密。

第一百一十二条 人民法院、人民检察院或者公安机关对于报案、控告、举报和自首的材料,应当按照管辖范围,迅速进行审查,认为有犯罪事实需要追究刑事责任的时候,应当立案;认为没有犯罪事实,或者犯罪事实显著轻微,不需要追究刑事责任的时候,不予立案,并且将不立案的原因通知控告人。控告人如果不服,可以申请复议。

第一百四十一条 在侦查活动中发现的可用以证明犯罪嫌疑人有罪或者无罪的各种财物、文件,应当查封、扣押;与案件无关的财物、文件,不得查封、扣押。

对查封、扣押的财物、文件，要妥善保管或者封存，不得使用、调换或者损毁。

第一百四十四条 人民检察院、公安机关根据侦查犯罪的需要，可以依照规定查询、冻结犯罪嫌疑人的存款、汇款、债券、股票、基金份额等财产。有关单位和个人应当配合。

犯罪嫌疑人的存款、汇款、债券、股票、基金份额等财产已被冻结的，不得重复冻结。

第一百四十五条 对查封、扣押的财物、文件、邮件、电报或者冻结的存款、汇款、债券、股票、基金份额等财产，经查明确实与案件无关的，应当在三日以内解除查封、扣押、冻结，予以退还。

第一百五十条 公安机关在立案后，对于危害国家安全犯罪、恐怖活动犯罪、黑社会性质的组织犯罪、重大毒品犯罪或者其他严重危害社会的犯罪案件，根据侦查犯罪的需要，经过严格的批准手续，可以采取技术侦查措施。

人民检察院在立案后，对于利用职权实施的严重侵犯公民人身权利的重大犯罪案件，根据侦查犯罪的需要，经过严格的批准手续，可以采取技术侦查措施，按照规定交有关机关执行。

追捕被通缉或者批准、决定逮捕的在逃的犯罪嫌疑人、被告人，经过批准，可以采取追捕所必需的技术侦查措施。

第一百五十一条 批准决定应当根据侦查犯罪的需要，确定采取技术侦查措施的种类和适用对象。批准决定自签发之日起三个月以内有效。对于不需要继续采取技术侦查措施的，应当及时解除；对于复杂、疑难案件，期限届满仍有必要继续采取技术侦查措施的，经过批准，有效期可以延长，每次不得超过三个月。

第一百五十二条 采取技术侦查措施，必须严格按照批准的措施种类、适用对象和期限执行。

侦查人员对采取技术侦查措施过程中知悉的国家秘密、商业秘密和个人隐私，应当保密；对采取技术侦查措施获取的与案件无关的材料，必须及时销毁。

采取技术侦查措施获取的材料，只能用于对犯罪的侦查、起诉和审判，不得用于其他用途。

公安机关依法采取技术侦查措施,有关单位和个人应当配合,并对有关情况予以保密。

第一百五十三条　为了查明案情,在必要的时候,经公安机关负责人决定,可以由有关人员隐匿其身份实施侦查。但是,不得诱使他人犯罪,不得采用可能危害公共安全或者发生重大人身危险的方法。

对涉及给付毒品等违禁品或者财物的犯罪活动,公安机关根据侦查犯罪的需要,可以依照规定实施控制下交付。

第一百五十四条　依照本节规定采取侦查措施收集的材料在刑事诉讼中可以作为证据使用。如果使用该证据可能危及有关人员的人身安全,或者可能产生其他严重后果的,应当采取不暴露有关人员身份、技术方法等保护措施,必要的时候,可以由审判人员在庭外对证据进行核实。

第一百九十六条　法庭审理过程中,合议庭对证据有疑问的,可以宣布休庭,对证据进行调查核实。

人民法院调查核实证据,可以进行勘验、检查、查封、扣押、鉴定和查询、冻结。

第二百四十五条　公安机关、人民检察院和人民法院对查封、扣押、冻结的犯罪嫌疑人、被告人的财物及其孳息,应当妥善保管,以供核查,并制作清单,随案移送。任何单位和个人不得挪用或者自行处理。对被害人的合法财产,应当及时返还。对违禁品或者不宜长期保存的物品,应当依照国家有关规定处理。

对作为证据使用的实物应当随案移送,对不宜移送的,应当将其清单、照片或者其他证明文件随案移送。

人民法院作出的判决,应当对查封、扣押、冻结的财物及其孳息作出处理。

人民法院作出的判决生效以后,有关机关应当根据判决对查封、扣押、冻结的财物及其孳息进行处理。对查封、扣押、冻结的赃款赃物及其孳息,除依法返还被害人的以外,一律上缴国库。

司法工作人员贪污、挪用或者私自处理查封、扣押、冻结的财物及其孳息的,依法追究刑事责任;不构成犯罪的,给予处分。

第二百六十四条　罪犯被交付执行刑罚的时候,应当由交付执行的人民法院在判决生效后十日以内将有关的法律文书送达公安机关、监狱或者其他执行机关。

对被判处死刑缓期二年执行、无期徒刑、有期徒刑的罪犯，由公安机关依法将该罪犯送交监狱执行刑罚。对被判处有期徒刑的罪犯，在被交付执行刑罚前，剩余刑期在三个月以下的，由看守所代为执行。对被判处拘役的罪犯，由公安机关执行。

对未成年犯应当在未成年犯管教所执行刑罚。

执行机关应当将罪犯及时收押，并且通知罪犯家属。

判处有期徒刑、拘役的罪犯，执行期满，应当由执行机关发给释放证明书。

第二百六十九条 对被判处管制、宣告缓刑、假释或者暂予监外执行的罪犯，依法实行社区矫正，由社区矫正机构负责执行。

第二百七十一条 被判处罚金的罪犯，期满不缴纳的，人民法院应当强制缴纳；如果由于遭遇不能抗拒的灾祸等原因缴纳确实有困难的，经人民法院裁定，可以延期缴纳、酌情减少或者免除。

第二百七十三条 罪犯在服刑期间又犯罪的，或者发现了判决的时候所没有发现的罪行，由执行机关移送人民检察院处理。

被判处管制、拘役、有期徒刑或者无期徒刑的罪犯，在执行期间确有悔改或者立功表现，应当依法予以减刑、假释的时候，由执行机关提出建议书，报请人民法院审核裁定，并将建议书副本抄送人民检察院。人民检察院可以向人民法院提出书面意见。

第二百九十八条 对于贪污贿赂犯罪、恐怖活动犯罪等重大犯罪案件，犯罪嫌疑人、被告人逃匿，在通缉一年后不能到案，或者犯罪嫌疑人、被告人死亡，依照刑法规定应当追缴其违法所得及其他涉案财产的，人民检察院可以向人民法院提出没收违法所得的申请。

公安机关认为有前款规定情形的，应当写出没收违法所得意见书，移送人民检察院。

没收违法所得的申请应当提供与犯罪事实、违法所得相关的证据材料，并列明财产的种类、数量、所在地及查封、扣押、冻结的情况。

人民法院在必要的时候，可以查封、扣押、冻结申请没收的财产。

第二百九十九条 没收违法所得的申请，由犯罪地或者犯罪嫌疑人、被告人居住地的中级人民法院组成合议庭进行审理。

人民法院受理没收违法所得的申请后，应当发出公告。公告期间为六个月。犯罪嫌疑人、被告人的近亲属和其他利害关系人有权申请参加诉讼，也可以委托诉讼代理人参加诉讼。

人民法院在公告期满后对没收违法所得的申请进行审理。利害关系人参加诉讼的，人民法院应当开庭审理。

第三百条 人民法院经审理，对经查证属于违法所得及其他涉案财产，除依法返还被害人的以外，应当裁定予以没收；对不属于应当追缴的财产的，应当裁定驳回申请，解除查封、扣押、冻结措施。

对于人民法院依照前款规定作出的裁定，犯罪嫌疑人、被告人的近亲属和其他利害关系人或者人民检察院可以提出上诉、抗诉。

第三百零一条 在审理过程中，在逃的犯罪嫌疑人、被告人自动投案或者被抓获的，人民法院应当终止审理。

没收犯罪嫌疑人、被告人财产确有错误的，应当予以返还、赔偿。

公安机关反有组织犯罪工作规定

（2022年8月26日公安部令第165号公布
自2022年10月1日起施行）

第一章 总　　则

第一条 为了保障《中华人民共和国反有组织犯罪法》的贯彻实施，保证公安机关依法、规范、高效开展反有组织犯罪工作，保护公民和组织的合法权益，根据有关法律、行政法规，制定本规定。

第二条 公安机关反有组织犯罪的职责任务，是收集、研判有组织犯罪相关信息，核查有组织犯罪线索，侦查有组织犯罪案件，实施《中华人民共和国反有组织犯罪法》规定的相关行政处罚，在职权范围内落实有组织犯罪预防和治理工作。

第三条　公安机关开展反有组织犯罪工作，应当坚持专门工作与群众路线相结合，坚持专项治理与系统治理相结合，坚持与反腐败相结合，坚持与加强基层组织建设相结合，惩防并举、标本兼治。

第四条　公安机关开展反有组织犯罪工作，应当符合法律、行政法规和本规章的规定，做到严格规范执法，尊重保障人权。

第五条　公安机关应当不断加强反有组织犯罪工作的专业化、规范化、信息化建设，促进反有组织犯罪各项工作的科学、精准、高效开展。

第六条　公安机关应当发挥职能作用，加强与相关部门信息共享、工作联动，充分调动各种资源，促进对有组织犯罪的源头治理。

各地公安机关、各警种部门之间应当加强协作、配合，依法履行反有组织犯罪各项工作职责。

第七条　公安机关应当建立科学的反有组织犯罪工作考评机制，全面考察基础工作、力量建设、预防治理、查处违法犯罪等各方面情况，综合评价反有组织犯罪工作质效。

第二章　预防和治理

第八条　公安机关应当结合公安工作职责，通过普法宣传、以案释法等方式，积极开展反有组织犯罪宣传教育，增强公民的反有组织犯罪意识和能力。

第九条　公安机关应当积极配合教育行政部门、学校建立防范有组织犯罪侵害校园工作机制，加强反有组织犯罪宣传教育，增强学生对有组织犯罪的识别能力和防范意识，教育引导学生自觉抵制有组织犯罪，防范有组织犯罪的侵害。

第十条　公安机关发现互联网上含有宣扬、诱导有组织犯罪内容的信息，应当及时责令电信业务经营者、互联网服务提供者停止传输、采取消除等处置措施，或者下架相关应用、关闭相关网站、关停相关服务，并保存相关记录，协助调查。

第十一条 公安机关应当建立有组织犯罪监测评估体系，根据辖区内警情、线索、案件及社会评价等情况，定期对本辖区有组织犯罪态势进行评估，并将评估结果报送上级公安机关。

第十二条 公安机关应当配合民政等有关部门，对村民委员会、居民委员会成员候选人资格依法进行审查，并及时处理有关有组织犯罪线索。

第十三条 公安机关应当配合市场监管、金融监管、自然资源、交通运输等行业主管部门，建立健全行业有组织犯罪预防和治理长效机制。

第十四条 公安机关在办理案件中发现相关行业主管部门有组织犯罪预防和治理工作存在问题，需要书面提出意见建议的，可以向相关行业主管部门发送公安提示函。

发函机关认为有必要的，可以抄送同级人民政府、人大、监察机关，或者被提示单位的上级机关。

第十五条 制发公安提示函，应当立足公安职能，结合侦查工作，坚持准确及时、必要审慎、注重实效的原则。

第十六条 公安机关可以直接向同级行业主管部门发送公安提示函。

需要向下级行业主管部门发送的，可以直接制发，也可以指令对应的下级公安机关制发。

需要向上级行业主管部门发送的，应当层报与其同级的公安机关转发，上级公安机关认为有必要的，也可以直接制发。

发现异地的行业主管部门有组织犯罪预防和治理工作存在问题的，应当书面通报其所在地同级公安机关处理。

第十七条 公安提示函应当写明具体问题、发现途径、理由和依据、意见和建议、反馈要求等。

第十八条 公安机关根据有组织犯罪态势评估结果、公安提示函反馈情况等，可以会同有关部门确定预防和治理的重点区域、行业领域或者场所。

第十九条 对有组织犯罪预防和治理的重点区域、行业领域或者场所，当地公安机关应当根据职权加强治安行政管理、会同或者配合有关部门加大监督检查力度、开展专项整治。

第二十条 对因组织、领导黑社会性质组织被判处刑罚的人员，其户籍地设区的市级公安机关可以决定其自刑罚执行完毕之日起向公安机关报告个人财产及日常活动，并制作责令报告个人财产及日常活动决定书。

前款规定的户籍地公安机关认为由原办案地公安机关作出决定更为适宜的,可以商请由其决定。协商不成的,由共同的上级公安机关指定。

认为无需报告的,应当报上一级公安机关同意;无需报告的情况发生变化,有报告必要的,依照本规定作出责令报告个人财产及日常活动决定。

第二十一条 责令报告个人财产及日常活动决定书应当载明报告期限、首次报告时间、后续报告间隔期间,报告内容、方式,接受报告的公安机关及地址、联系方式,以及不如实报告的法律责任等。

首次报告时间不迟于刑罚执行完毕后一个月,两次报告间隔期间为二至六个月。

责令报告个人财产及日常活动决定书应当在其刑罚执行完毕之日前三个月内作出并送达和宣告,可以委托刑罚执行机关代为送达和宣告。

依据本规定第二十条第三款作出责令报告个人财产及日常活动决定的,不受第二款首次报告期限和前款期限限制。

第二十二条 作出决定的公安机关负责接受个人财产及日常活动报告。必要时,也可以指定下一级公安机关接受报告。

报告期间,经报告义务人申请,接受报告的公安机关认为确有必要的,报决定机关批准,可以变更接受报告的公安机关。跨决定机关管辖区域变更的,层报共同的上级公安机关决定。

接受报告的公安机关变更的,应当做好工作交接。

第二十三条 报告义务人应当按照责令报告个人财产及日常活动决定书的要求,到公安机关报告个人财产及日常活动情况。

在报告间隔期间,报告义务人的个人财产及日常活动情况可能出现较大变动或者存在重大错报、漏报等情况的,接受报告的公安机关可以通知报告义务人书面或者口头补充报告有关情况。

报告义务人住址、工作单位、通讯方式、出入境证件、重大财产发生变动的,应当在变动后的二十四小时内向公安机关报告。

第二十四条 公安机关可以要求报告义务人报告下列个人财产及日常活动情况:

(一)住址、工作单位、通讯方式;

(二)动产、不动产、现金、存款、财产性权利等财产状况;

(三)经商办企业,从事职业及薪酬,投资收益、经营收益等非职业性经

济收入,大额支出等财产变动情况;

(四)日常主要社会交往、婚姻状况,接触特定人员和出入特定场所情况,出境入境情况等;

(五)受到行政、刑事调查及处罚的情况,涉及民事诉讼情况。

报告义务人对前款第二、三、五项规定的报告情况,应当提供证明材料。

第二十五条 个人财产及日常活动报告期限不超过五年,期限届满或者报告义务人在报告期内死亡的,报告义务自动解除。

第二十六条 公安机关在工作中发现境外的黑社会组织的人员可能入境渗透、发展、实施违法犯罪活动的,根据工作需要,可以通知移民管理、海关、海警等部门并提出处置建议。

移民管理、海关、海警等部门发现境外的黑社会组织的人员入境并通知公安机关的,公安机关应当及时依法处理。

第三章 线索核查处置

第二十七条 公安机关应当依法运用现代信息技术,建立有组织犯罪线索收集和研判机制,分级分类进行处置。

公安机关对有组织犯罪线索应当及时开展统计、分析、研判工作,依法组织核查;对不属于公安机关职责范围的事项,移送有关主管机关依法处理。

第二十八条 有组织犯罪线索由县级公安机关负责核查,上级公安机关认为必要时可以提级核查或者指定其他公安机关核查。

上级公安机关应当加强对线索核查工作的监督指导,必要时可以组织抽查、复核。

第二十九条 对有组织犯罪线索,经县级以上公安机关负责人批准后启动核查。

核查有组织犯罪线索,可以依照有关法律和规定采取询问、查询、勘验、检查、鉴定和调取证据材料等不限制被调查对象人身、财产权利的调查措施。

采取前款规定的调查措施,依照《公安机关办理刑事案件程序规定》的有关规定进行审批,制作法律文书。

公安机关向有关单位和个人收集、调取相关信息和材料时,应当告知其必须如实提供。

第三十条 公安机关核查黑社会性质组织犯罪线索，发现涉案财产有灭失、转移的紧急风险的，经设区的市级以上公安机关负责人批准后，可以对有关涉案财产采取紧急止付或者临时冻结、临时扣押的紧急措施，期限不得超过四十八小时。

期限届满或者适用紧急措施的情形消失的，应当立即解除紧急措施；符合立案条件的，办案部门应当在紧急措施期限届满前依法立案侦查，并办理冻结、扣押手续。

第三十一条 有组织犯罪线索核查结论，应当经核查的公安机关负责人批准后作出。有明确举报人、报案人或者控告人的，除无法告知或者可能影响后续侦查工作的以外，应当告知核查结论。

对有控告人的有组织犯罪线索，决定对所控告的事实不予立案的，公安机关应当在核查结论作出后制作不予立案通知书，在三日以内送达控告人。

第三十二条 公安机关核查有组织犯罪线索，发现犯罪事实或者犯罪嫌疑人的，应当依照《中华人民共和国刑事诉讼法》的规定立案侦查。

第四章 案件办理

第三十三条 公安机关办理有组织犯罪案件，应当以事实为根据，以法律为准绳，依法全面收集证据，综合审查判断，准确认定有组织犯罪。

第三十四条 对有组织犯罪的组织者、领导者和骨干成员取保候审的，由办案的公安机关主要负责人组织集体讨论决定。

第三十五条 为谋取非法利益或者形成非法影响，有组织地进行滋扰、纠缠、哄闹、聚众造势等，对他人形成心理强制，足以限制人身自由、危及人身财产安全，影响正常社会秩序、经济秩序的，可以认定为有组织犯罪的犯罪手段。

第三十六条 对于利用信息网络实施的犯罪案件，符合有组织犯罪特征和认定标准的，应当按照有组织犯罪案件侦查、移送起诉。

第三十七条 根据有组织犯罪案件侦查需要，公安机关可以商请人民检察院派员参加案件会商，听取其关于案件定性、证据收集、法律适用等方面的意见。

第三十八条 公安机关办理有组织犯罪案件，可以依照《中华人民共和国出境入境管理法》的规定，决定对犯罪嫌疑人采取限制出境措施，按规定通知移民管理机构执行；对于不需要继续采取限制出境措施的，应当及时解除。

第三十九条 根据办理案件及维护监管秩序的需要，可以对有组织犯罪案件的犯罪嫌疑人、被告人采取异地羁押、分别羁押或者单独羁押等措施。采取异地羁押措施的，应当依法通知犯罪嫌疑人、被告人的家属和辩护人。

第四十条 公安机关在立案后，根据侦查犯罪的需要，依照《中华人民共和国刑事诉讼法》的规定，可以采取技术侦查措施、实施控制下交付或者由有关人员隐匿身份进行侦查。

公安机关实施控制下交付或者由有关人员隐匿身份进行侦查的，应当进行风险评估，制定预案，经县级以上公安机关负责人批准后实施。

采取技术侦查、控制下交付、隐匿身份侦查措施收集的与案件有关的材料，可以作为刑事诉讼证据使用。如果使用该证据可能危及有关人员的人身安全，或者可能产生其他严重后果的，应当采取不暴露有关人员身份和使用的技术设备、侦查方法等保护措施。无法采取保护措施或者采取保护措施不足以防止产生严重后果的，可以建议由审判人员在庭外对证据进行核实。

第四十一条 公安机关侦查有组织犯罪案件，应当依法履行认罪认罚从宽告知、教育义务，敦促犯罪嫌疑人如实供述自己的罪行。

犯罪嫌疑人认罪认罚的，应当在起诉意见书中写明自愿认罪认罚的情况和从宽处理意见，并随案移送相关证据材料。

第四十二条 公安机关对于罪行较轻、自愿认罪认罚、采用非羁押性强制措施足以防止发生《中华人民共和国刑事诉讼法》第八十一条第一款规定的社会危险性的犯罪嫌疑人，依法可不适用羁押性强制措施；已经被羁押的，可以依法变更强制措施。

第四十三条 犯罪嫌疑人检举、揭发重大犯罪的其他共同犯罪人或者提供侦破重大案件的重要线索或者证据，同案处理可能导致其本人或者近亲属有人身危险，经县级以上公安机关负责人批准，可以分案处理。

公安机关决定分案处理的，应当就案件管辖等问题书面征求人民法院、人民检察院意见并达成一致，防止分案处理出现证据灭失、证据链脱节或者影响有组织犯罪认定等情况。

第四十四条 犯罪嫌疑人、被告人有《中华人民共和国反有组织犯罪法》第三十三条第一款所列情形之一的，经县级以上公安机关主要负责人批准，公安机关可以向人民检察院提出从宽处理的意见，并说明理由。

对有组织犯罪的组织者、领导者，应当严格适用。

第五章 涉案财产调查与处置

第四十五条 公安机关根据办理有组织犯罪案件的需要，可以全面调查涉嫌有组织犯罪的组织及其成员财产的来源、性质、用途、权属及价值，依法采取查询、查封、扣押、冻结等措施。

全面调查的范围包括：有组织犯罪组织的财产；组织成员个人所有的财产；组织成员实际控制的财产；组织成员出资购买的财产；组织成员转移至他人名下的财产；组织成员涉嫌洗钱及掩饰、隐瞒犯罪所得、犯罪所得孳息、收益等犯罪涉及的财产；其他与有组织犯罪组织及其成员有关的财产。

第四十六条 公安机关根据反有组织犯罪工作需要，可以向反洗钱行政主管部门查询与有组织犯罪相关的信息数据、提请协查与有组织犯罪相关的可疑交易活动。

第四十七条 对下列财产，经县级以上公安机关主要负责人批准，可以依法先行处置，所得价款由扣押、冻结机关保管，并及时告知犯罪嫌疑人、被告人或者其近亲属：

（一）易损毁、灭失、变质等不宜长期保存的物品；

（二）有效期即将届满的汇票、本票、支票等；

（三）债券、股票、基金份额等财产，经权利人申请，出售不损害国家利益、被害人利益，不影响诉讼正常进行的。

第四十八条 有组织犯罪组织及其成员依法应当被追缴、没收的涉案财产无法找到、灭失或者与其他合法财产混合且不可分割的，公安机关应当积极调查、收集有关证据，并在起诉意见书中说明。

第四十九条 有证据证明犯罪嫌疑人在犯罪期间获得的财产高度可能属于黑社会性质组织犯罪的违法所得及其孳息、收益，公安机关应当要求犯罪嫌疑人说明财产来源并予以查证，对犯罪嫌疑人不能说明合法来源的，应当随案移送审查起诉，并对高度可能性作出说明。

第五十条 有组织犯罪案件移送审查起诉时，公安机关应当对涉案财产提出书面处理意见及理由、依据。

黑社会性质组织犯罪案件，一般应当对涉案财产材料单独立卷。

第五十一条 黑社会性质组织犯罪案件的犯罪嫌疑人逃匿，在通缉一年后不能到案，或者犯罪嫌疑人死亡，依照《中华人民共和国刑法》规定应当追缴其违法所得及其他涉案财产的，依照《中华人民共和国刑事诉讼法》及《公安机关办理刑事案件程序规定》有关犯罪嫌疑人逃匿、死亡案件违法所得的没收程序的规定办理。

第五十二条 对于不宜查封、扣押、冻结的经营性财产，经县级以上公安机关主要负责人批准，可以申请当地政府指定有关部门或者委托有关机构代管或者托管。

不宜查封、扣押、冻结情形消失的，公安机关可以依法对相关财产采取查封、扣押、冻结措施。

第五十三条 利害关系人对查封、扣押、冻结、处置涉案财物提出异议的，公安机关应当及时予以核实，听取其意见，依法作出处理，并书面告知利害关系人。经查明确实与案件无关的财物，应当在三日以内解除相关措施，并予以退还。

公安机关对涉案财物作出处理后，利害关系人对处理不服的，可以提出申诉或者控告。受理申诉或者控告的公安机关应当及时进行调查核实，在收到申诉、控告之日起三十日以内作出处理决定并书面回复。

第六章 国家工作人员涉有组织犯罪的处理

第五十四条 公安机关在反有组织犯罪工作中，发现国家工作人员涉嫌《中华人民共和国反有组织犯罪法》第五十条第一款所列情形之一的，应当按照职权进行初步核查。

经核查，属于公安机关管辖的，应当全面调查，依法作出处理；不属于公安机关管辖的，应当及时移送主管机关。

第五十五条 依法从事反有组织犯罪工作的民警，不得有下列行为：

（一）接到报案、控告、举报不受理，发现犯罪信息、线索隐瞒不报、不如实报告，或者未经批准、授权擅自处置、不移送犯罪线索、涉案材料；

（二）向违法犯罪人员通风报信，阻碍案件查处；

（三）违反规定泄露国家秘密、商业秘密和个人隐私；

（四）违背事实和法律处理案件；

（五）违反规定查封、扣押、冻结、处置涉案财物；

（六）其他滥用职权、玩忽职守、徇私舞弊的行为。

违反上述规定构成犯罪的，依法追究刑事责任；尚不构成犯罪的，依规依纪依法给予处分。

第五十六条 公安机关应当与监察机关、人民法院、人民检察院、司法行政机关加强协作配合，建立线索办理沟通机制。

对于重大疑难复杂的国家工作人员涉有组织犯罪案件，公安机关可以商监察机关、人民检察院同步立案、同步查处，根据案件办理需要，依法移送相关证据、共享有关信息，确保全面查清案件事实。

第五十七条 公安机关接到对从事反有组织犯罪工作民警的举报后，应当审慎对待，依规依纪依法处理，防止犯罪嫌疑人、被告人等利用举报干扰办案、打击报复。

对利用举报等方式歪曲捏造事实、诬告陷害从事反有组织犯罪工作民警的，应当依规依纪依法追究责任；造成不良影响的，应当按照规定及时澄清事实，恢复民警名誉，消除不良影响。

第七章 国际合作

第五十八条 公安部根据中华人民共和国缔结或者参加的国际条约，或者按照平等互惠原则，开展与其他国家、地区、国际组织的反有组织犯罪合作。

第五十九条 公安部根据国务院授权，代表中国政府与外国政府和有关国际组织开展反有组织犯罪情报信息交流和执法合作。

公安部依照有关法律规定，通过推动缔结条约、协定和签订警务合作文件等形式，加强跨境反有组织犯罪警务合作，推动与有关国家、地区、国际组织建立警务合作机制。

经公安部批准，边境地区公安机关可以与相邻国家或者地区执法机构建立跨境有组织犯罪情报信息交流和警务合作机制。

第六十条 通过跨境反有组织犯罪刑事司法协助和警务合作取得的材

料可以在行政处罚、刑事诉讼中作为证据使用，但依据条约规定或者我方承诺不作为证据使用的除外。

第六十一条 公安机关开展跨境反有组织犯罪国际合作其他事宜及具体程序，依照有关法律和《公安机关办理刑事案件程序规定》等有关规定办理。

第八章 保障措施

第六十二条 公安机关应当为反有组织犯罪工作提供必要的组织保障、制度保障和物质保障。

第六十三条 公安机关应当建立健全反有组织犯罪专业力量，加强骨干人才培养使用，设立常态化反有组织犯罪专门队伍和情报线索处置平台，确保各级公安机关具备数量充足、配备精良、业务过硬的专门队伍开展反有组织犯罪工作。

第六十四条 公安机关应当加强反有组织犯罪专家人才队伍建设，建立健全选拔、培养、使用机制。

公安机关应当将反有组织犯罪专业训练工作纳入年度教育训练计划。

第六十五条 各级公安机关应当将反有组织犯罪工作经费列入本单位年度预算予以保障。

第六十六条 因举报、控告和制止有组织犯罪活动，在有组织犯罪案件中作证，本人或者其近亲属的人身安全面临危险的，公安机关应当按照有关规定，采取下列一项或者多项保护措施：

（一）不公开真实姓名、住址和工作单位等个人信息；

（二）禁止特定的人接触被保护人员；

（三）对人身和住宅采取专门性保护措施；

（四）变更被保护人员的身份，重新安排住所和工作单位；

（五）其他必要的保护措施。

采取前款第四项规定的保护措施的，由公安部批准和组织实施。

案件移送审查起诉时，应当将采取保护措施的相关情况一并移交人民检察院。

第六十七条 公安机关发现证人因作证，本人或者其近亲属的人身安全面临危险，或者证人向公安机关请求予以保护，公安机关经评估认为确有必要采取保护措施的，应当制作呈请证人保护报告书，报县级以上公安机关负责人批准实施。

人民法院、人民检察院决定对证人采取第六十六条第一款第二、三项保护措施的，由县级以上公安机关凭人民法院、人民检察院的决定文书执行，并将执行保护的情况及时通知决定机关。必要时，可以请人民法院、人民检察院协助执行。

第六十八条 实施有组织犯罪的人员配合侦查、起诉、审判等工作，有《中华人民共和国反有组织犯罪法》第三十三条第一款所列情形之一，对侦破案件或者查明案件事实起到重要作用的，或者有其他重大立功表现的，可以参照证人保护的规定执行。

第六十九条 对办理有组织犯罪案件的人民警察及其近亲属，可以采取人身保护、禁止特定的人接触等保护措施。

第七十条 公安机关实施证人保护的其他事项，适用《公安机关办理刑事案件证人保护工作规定》。

各级公安机关可以结合本地实际，组建专门的证人保护力量、设置证人保护安全场所。

第九章 法律责任

第七十一条 公安机关开展反有组织犯罪工作，对有关组织和个人违反《中华人民共和国反有组织犯罪法》的行为，依法追究其相应的法律责任。

第七十二条 实施《中华人民共和国反有组织犯罪法》第六十九条所列行为的，依照《公安机关办理行政案件程序规定》确定案件管辖。

实施《中华人民共和国反有组织犯罪法》第六十九条第一款第一项行为的，也可以由抓获地公安机关管辖。

相关违法行为系在侦查有组织犯罪过程中发现的，也可以由负责侦查有组织犯罪的公安机关管辖。

第七十三条 《中华人民共和国反有组织犯罪法》第七十条规定的行政处罚，由接受报告的公安机关管辖。

第七十四条 《中华人民共和国反有组织犯罪法》第七十一条规定的行

政处罚，由金融机构等相关单位所在地公安机关管辖，也可以由负责侦查有组织犯罪的公安机关管辖。

第七十五条 公安机关调查有组织犯罪，要求有关国家机关、行业主管部门予以配合相关工作或者提供相关证据，有关国家机关、行业主管部门没有正当理由不予配合的，层报相应的上级公安机关书面通报其上级机关。

第十章 附 则

第七十六条 本规定自2022年10月1日起施行。

最高人民法院关于审理黑社会性质组织犯罪的案件具体应用法律若干问题的解释

（2000年12月4日最高人民法院审判委员会第1148次会议通过
2000年12月5日公布 法释〔2000〕42号
自2000年12月10日起施行）

为依法惩治黑社会性质组织的犯罪活动，根据刑法有关规定，现就审理黑社会性质组织的犯罪案件具体应用法律的若干问题解释如下：

第一条 刑法第二百九十四条规定的“黑社会性质的组织”，一般应具备以下特征：

（一）组织结构比较紧密，人数较多，有比较明确的组织者、领导者，骨干成员基本固定，有较为严格的组织纪律；

（二）通过违法犯罪活动或者其他手段获取经济利益，具有一定的经济实力；

（三）通过贿赂、威胁等手段，引诱、逼迫国家工作人员参加黑社会性质组织活动，或者为其提供非法保护；

（四）在一定区域或者行业范围内，以暴力、威胁、滋扰等手段，大肆进行敲诈勒索、欺行霸市、聚众斗殴、寻衅滋事、故意伤害等违法犯罪活动，严重破坏经济、社会生活秩序。

第二条 刑法第二百九十四条第二款规定的“发展组织成员”，是指将境内、外人员吸收为该黑社会组织成员的行为。对黑社会组织成员进行内部调整等行为，可视为“发展组织成员”。

港、澳、台黑社会组织到内地发展组织成员的，适用刑法第二百九十四条第二款的规定定罪处罚。

第三条 组织、领导、参加黑社会性质的组织又有其他犯罪行为的，根据刑法第二百九十四条第三款的规定，依照数罪并罚的规定处罚；对于黑社会性质组织的组织者、领导者，应当按照其所组织、领导的黑社会性质组织所犯的全部罪行处罚；对于黑社会性质组织的参加者，应当按照其所参与的犯罪处罚。

对于参加黑社会性质的组织，没有实施其他违法犯罪活动的，或者受蒙蔽、胁迫参加黑社会性质的组织，情节轻微的，可以不作为犯罪处理。

第四条 国家机关工作人员组织、领导、参加黑社会性质组织的，从重处罚。

第五条 刑法第二百九十四条第四款规定的“包庇”，是指国家机关工作人员为使黑社会性质组织及其成员逃避查禁，而通风报信，隐匿、毁灭、伪造证据，阻止他人作证、检举揭发，指使他人作伪证，帮助逃匿，或者阻挠其他国家机关工作人员依法查禁等行为。

刑法第二百九十四条第四款规定的“纵容”，是指国家机关工作人员不依法履行职责，放纵黑社会性质组织进行违法犯罪活动的行为。

第六条 国家机关工作人员包庇、纵容黑社会性质的组织，有下列情形之一的，属于刑法第二百九十四条第四款规定的“情节严重”：

（一）包庇、纵容黑社会性质组织跨境实施违法犯罪活动的；

（二）包庇、纵容境外黑社会组织在境内实施违法犯罪活动的；

（三）多次实施包庇、纵容行为的；

（四）致使某一区域或者行业的经济、社会生活秩序遭受黑社会性质组织特别严重破坏的；

（五）致使黑社会性质组织的组织者、领导者逃匿，或者致使对黑社会性质组织的查禁工作严重受阻的；

（六）具有其他严重情节的。

第七条 对黑社会性质组织和组织、领导、参加黑社会性质组织的犯罪分子聚敛的财物及其收益，以及用于犯罪的工具等，应当依法追缴、没收。

最高人民法院、最高人民检察院、公安部、司法部关于办理黑社会性质组织犯罪案件若干问题的规定

（2012年9月11日 公通字〔2012〕45号）

为依法严厉打击黑社会性质组织犯罪，按照宽严相济的刑事政策和“打早打小、除恶务尽”的工作方针，根据《中华人民共和国刑法》、《中华人民共和国刑事诉讼法》和其他有关规定，现就办理黑社会性质组织犯罪案件有关问题，制定本规定。

一、管 辖

第一条 公安机关侦查黑社会性质组织犯罪案件时，对黑社会性质组织及其成员在多个地方实施的犯罪，以及其他与黑社会性质组织犯罪有关的犯罪，可以依照法律和有关规定一并立案侦查。对案件管辖有争议的，由共同的上级公安机关指定管辖。

并案侦查的黑社会性质组织犯罪案件，由侦查该案的公安机关所在地同级人民检察院一并审查批准逮捕、受理移送审查起诉，由符合审判级别管辖要求的人民法院审判。

第二条 公安机关、人民检察院、人民法院根据案件情况和需要，可以依法对黑社会性质组织犯罪案件提级管辖或者指定管辖。

提级管辖或者指定管辖的黑社会性质组织犯罪案件，由侦查该案的公安机关所在地同级人民检察院审查批准逮捕、受理移送审查起诉，由同级或者符合审判级别管辖要求的人民法院审判。

第三条 人民检察院对于公安机关提请批准逮捕、移送审查起诉的黑社会性质组织犯罪案件，人民法院对于已进入审判程序的黑社会性质组织犯罪案件，被告人及其辩护人提出管辖异议，或者办案单位发现没有管辖权的，受案人民检察院、人民法院经审查，可以依法报请与有管辖权的人民检察院、人民法院共同的上级人民检察院、人民法院指定管辖，不再自行移交。对于在审查批准逮捕阶段，上级检察机关已经指定管辖的案件，审查起诉工作由同一人民检察院受理。

第四条 公安机关侦查黑社会性质组织犯罪案件过程中，发现人民检察院管辖的贪污贿赂、渎职侵权犯罪案件线索的，应当及时移送人民检察院。人民检察院对于公安机关移送的案件线索应当及时依法进行调查或者立案侦查。人民检察院与公安机关应当相互及时通报案件进展情况。

二、立 案

第五条 公安机关对涉嫌黑社会性质组织犯罪的线索，应当及时进行审查。审查过程中，可以采取询问、查询、勘验、检查、鉴定、辨认、调取证据材料等必要的调查活动，但不得采取强制措施，不得查封、扣押、冻结财产。

立案前的审查阶段获取的证据材料经查证属实的，可以作为证据使用。

公安机关因侦查黑社会性质组织犯罪的需要，根据国家有关规定，经过严格的批准手续，对一些重大犯罪线索立案后可以采取技术侦查等秘密侦查措施。

第六条 公安机关经过审查，认为有黑社会性质组织犯罪事实需要追究刑事责任，且属于自己管辖的，经县级以上公安机关负责人批准，予以立案，同时报上级公安机关备案。

三、强制措施和羁押

第七条 对于组织、领导、积极参加黑社会性质组织的犯罪嫌疑人、被告人，不得取保候审；但是患有严重疾病、生活不能自理，怀孕或者是正在哺乳自己婴儿的妇女，采取取保候审不致发生社会危险性的除外。

第八条 对于黑社会性质组织犯罪案件的犯罪嫌疑人、被告人，看守所应当严格管理，防止发生串供、通风报信等行为。

对于黑社会性质组织犯罪案件的犯罪嫌疑人、被告人，可以异地羁押。

对于同一黑社会性质组织犯罪案件的犯罪嫌疑人、被告人，应当分别羁押，在看守所的室外活动应当分开进行。

对于组织、领导黑社会性质组织的犯罪嫌疑人、被告人，有条件的地方应当单独羁押。

四、证 人 保 护

第九条 公安机关、人民检察院和人民法院应当采取必要措施，保障证人及其近亲属的安全。证人的人身和财产受到侵害时，可以视情给予一定的经济补偿。

第十条 在侦查、起诉、审判过程中，对于因作证行为可能导致本人或者近亲属的人身、财产安全受到严重危害的证人，分别经地市级以上公安机关主要负责人、人民检察院检察长、人民法院院长批准，应当对其身份采取保密措施。

第十一条 对于秘密证人，侦查人员、检察人员和审判人员在制作笔录或者文书时，应当以代号代替其真实姓名，不得记录证人住址、单位、身份证号及其他足以识别其身份的信息。证人签名以按指纹代替。

侦查人员、检察人员和审判人员记载秘密证人真实姓名和身份信息的笔录或者文书，以及证人代号与真实姓名对照表，应当单独立卷，交办案单位档案部门封存。

第十二条 法庭审理时不得公开秘密证人的真实姓名和身份信息。用于公开质证的秘密证人的声音、影像，应当进行变声、变像等技术处理。

秘密证人出庭作证，人民法院可以采取限制询问、遮蔽容貌、改变声音或者使用音频、视频传送装置等保护性措施。

经辩护律师申请，法庭可以要求公安机关、人民检察院对使用秘密证人的理由、审批程序出具说明。

第十三条　对报案人、控告人、举报人、鉴定人、被害人的保护，参照本规定第九条至第十二条的规定执行。

五、特殊情况的处理

第十四条　参加黑社会性质组织的犯罪嫌疑人、被告人，自动投案，如实供述自己的罪行，或者在被采取强制措施期间如实供述司法机关还未掌握的本人其他罪行的，应当认定为自首。

参加黑社会性质组织的犯罪嫌疑人、被告人，积极配合侦查、起诉、审判工作，检举、揭发黑社会性质组织其他成员与自己共同犯罪以外的其他罪行，经查证属实的，应当认定为有立功表现。在查明黑社会性质组织的组织结构和组织者、领导者的地位作用，追缴、没收赃款赃物，打击“保护伞”方面提供重要线索，经查证属实的，可以酌情从宽处理。

第十五条　对于有本规定第十四条所列情形之一的，公安机关应当根据犯罪嫌疑人的认罪态度以及在侦查工作中的表现，经县级以上公安机关主要负责人批准，提出从宽处理的建议并说明理由。

人民检察院应当根据已经查明的事实、证据和有关法律规定，在充分考虑全案情况和公安机关建议的基础上依法作出起诉或者不起诉决定，或者起诉后向人民法院提出依法从轻、减轻或者免除刑事处罚的建议。

人民法院应当根据已经查明的事实、证据和有关法律规定，在充分考虑全案情况、公安机关和人民检察院建议和被告人、辩护人辩护意见的基础上，依法作出判决。

对参加黑社会性质组织的犯罪嫌疑人、被告人不起诉或者免予刑事处罚的，应当予以训诫或者责令具结悔过并保证不再从事违法犯罪活动。

第十六条　对于有本规定第十四条第二款情形的犯罪嫌疑人、被告人，可以参照第九条至第十二条的规定，采取必要的保密和保护措施。

六、涉案财产的控制和处理

第十七条 根据黑社会性质组织犯罪案件的诉讼需要，公安机关、人民检察院、人民法院可以依法查询、查封、扣押、冻结与案件有关的下列财产：

（一）黑社会性质组织的财产；

（二）犯罪嫌疑人、被告人个人所有的财产；

（三）犯罪嫌疑人、被告人实际控制的财产；

（四）犯罪嫌疑人、被告人出资购买的财产；

（五）犯罪嫌疑人、被告人转移至他人的财产；

（六）其他与黑社会性质组织及其违法犯罪活动有关的财产。

对于本条第一款的财产，有证据证明与黑社会性质组织及其违法犯罪活动无关的，应当依法立即解除查封、扣押、冻结措施。

第十八条 查封、扣押、冻结财产的，应当一并扣押证明财产所有权或者相关权益的法律文件和文书。

在侦查、起诉、审判过程中，查询、查封、扣押、冻结财产需要其他部门配合或者执行的，应当分别经县级以上公安机关负责人、人民检察院检察长、人民法院院长批准，通知有关部门配合或者执行。

查封、扣押、冻结已登记的不动产、特定动产及其他财产，应当通知有关登记机关，在查封、扣押、冻结期间禁止被查封、扣押、冻结的财产流转，不得办理被查封、扣押、冻结财产权属变更、抵押等手续；必要时可以提取有关产权证照。

第十九条 对于不宜查封、扣押、冻结的经营性财产，公安机关、人民检察院、人民法院可以申请当地政府指定有关部门或者委托有关机构代管。

第二十条 对于黑社会性质组织形成、发展过程中，组织及其成员通过违法犯罪活动或者其他不正当手段聚敛的财产及其孳息、收益，以及用于违法犯罪的工具和其他财物，应当依法追缴、没收。

对于其他个人或者单位利用黑社会性质组织及其成员的违法犯罪活动获得的财产及其孳息、收益，应当依法追缴、没收。

对于明知是黑社会性质组织而予以资助、支持的，依法没收资助、支持的财产。

对于被害人的合法财产及其孳息，应当依法及时返还或者责令退赔。

第二十一条 依法应当追缴、没收的财产无法找到、被他人善意取得、价值灭失或者与其他合法财产混合且不可分割的，可以追缴、没收其他等值财产。

对黑社会性质组织及其成员聚敛的财产及其孳息、收益的数额，办案单位可以委托专门机构评估；确实无法准确计算的，可以根据有关法律规定及查明的事实、证据合理估算。

七、律师辩护代理

第二十二条 公安机关、人民检察院、人民法院应当依法保障律师在办理黑社会性质组织犯罪案件辩护代理工作中的执业权利，保证律师依法履行职责。

公安机关、人民检察院、人民法院应当加强与司法行政机关的沟通和协作，及时协调解决律师辩护代理工作中的问题；发现律师有违法违规行为的，应当及时通报司法行政机关，由司法行政机关依法处理。

第二十三条 律师接受委托参加黑社会性质组织犯罪案件辩护代理工作的，应当严格依法履行职责，依法行使执业权利，恪守律师职业道德和执业纪律。

第二十四条 司法行政机关应当建立对律师办理黑社会性质组织犯罪案件辩护代理工作的指导、监督机制，加强对敏感、重大的黑社会性质组织犯罪案件律师辩护代理工作的业务指导；指导律师事务所建立健全律师办理黑社会性质组织犯罪案件辩护代理工作的登记、报告、保密、集体讨论、档案管理等制度；及时查处律师从事黑社会性质组织犯罪案件辩护代理活动中的违法违规行为。

八、刑罚执行

第二十五条 对于组织、领导、参加黑社会性质组织的罪犯，执行机关应当采取严格的监管措施。

第二十六条 对于判处十年以上有期徒刑、无期徒刑，以及判处死刑缓期二年执行减为有期徒刑、无期徒刑的黑社会性质组织的组织者、领导者，应当跨省、自治区、直辖市异地执行刑罚。

对于被判处十年以下有期徒刑的黑社会性质组织的组织者、领导者，以及黑社会性质组织的积极参加者，可以跨省、自治区、直辖市或者在本省、自治区、直辖市内异地执行刑罚。

第二十七条 对组织、领导和积极参加黑社会性质组织的罪犯减刑的，执行机关应当依法提出减刑建议，报经省、自治区、直辖市监狱管理机关审核后，提请人民法院裁定。监狱管理机关审核时应当向同级人民检察院、公安机关通报情况。

对被判处不满十年有期徒刑的组织、领导和积极参加黑社会性质组织的罪犯假释的，依照前款规定处理。

对因犯组织、领导黑社会性质组织罪被判处十年以上有期徒刑、无期徒刑的罪犯，不得假释。

第二十八条 对于组织、领导和积极参加黑社会性质组织的罪犯，有下列情形之一，确实需要暂予监外执行的，应当依照法律规定的条件和程序严格审批：

（一）确有严重疾病而监狱不具备医治条件，必须保外就医，且适用保外就医不致危害社会的；

（二）怀孕或者正在哺乳自己婴儿的妇女；

（三）因年老、残疾完全丧失生活自理能力，适用暂予监外执行不致危害社会的。

暂予监外执行的审批机关在作出审批决定前，应当向同级人民检察院、公安机关通报情况。

第二十九条 办理境外黑社会组织成员入境发展组织成员犯罪案件，参照本规定执行。

第三十条 本规定自印发之日起施行。

最高人民法院、最高人民检察院、公安部、司法部关于办理黑恶势力犯罪案件若干问题的指导意见

（2018 年 1 月 16 日 法发〔2018〕1 号）

为贯彻落实《中共中央、国务院关于开展扫黑除恶专项斗争的通知》精神，统一执法思想，提高执法效能，依法、准确、有力惩处黑恶势力犯罪，严厉打击“村霸”、宗族恶势力、“保护伞”以及“软暴力”等犯罪，根据《刑法》、《刑事诉讼法》及有关司法解释等规定，针对实践中遇到的新情况、新问题，现就办理黑恶势力犯罪案件若干问题制定如下指导意见：

一、总体要求

1. 各级人民法院、人民检察院、公安机关和司法行政机关应充分发挥职能作用，密切配合，相互支持，相互制约，形成打击合力，加强预防惩治黑恶势力犯罪长效机制建设。正确运用法律规定加大对黑恶势力违法犯罪以及“保护伞”惩处力度，在侦查、起诉、审判、执行各阶段体现依法从严惩处精神，严格掌握取保候审，严格掌握不起诉，严格掌握缓刑、减刑、假释，严格掌握保外就医适用条件，充分运用《刑法》总则关于共同犯罪和犯罪集团的规定加大惩处力度，充分利用资格刑、财产刑降低再犯可能性。对黑恶势力犯罪；注意串并研判、深挖彻查，防止就案办案，依法加快办理。坚持依法办案、坚持法定标准、坚持以审判为中心，加强法律监督，强化程序意识和证据意识，正确把握“打早打小”与“打准打实”的关系，贯彻落实宽严相济刑事政策，切实做到宽严有据，罚当其罪，实现政治效果、法律效果和社会效果的统一。

2. 各级人民法院、人民检察院、公安机关和司法行政机关应聚焦黑恶势力犯罪突出的重点地区、重点行业和重点领域，重点打击威胁政治安全特别是政权安全、制度安全以及向政治领域渗透的黑恶势力；把持基层政权、操纵破坏基层换届选举、垄断农村资源、侵吞集体资产的黑恶势力；利用家族、宗族势力横行乡里、称霸一方、欺压残害百姓的“村霸”等黑恶势力；在征地、租地、拆迁、工程项目建设等过程中煽动闹事的黑恶势力；在建筑工程、交通运输、矿产资源、渔业捕捞等行业、领域，强揽工程、恶意竞标、非法占地、滥开滥采的黑恶势力；在商贸集市、批发市场、车站码头、旅游景区等场所欺行霸市、强买强卖、收保护费的市霸、行霸等黑恶势力；操纵、经营“黄赌毒”等违法犯罪活动的黑恶势力；非法高利放贷、暴力讨债的黑恶势力；插手民间纠纷，充当“地下执法队”的黑恶势力；组织或雇佣网络“水军”在网上威胁、恐吓、侮辱、诽谤、滋扰的黑恶势力；境外黑社会入境发展渗透以及跨国跨境的黑恶势力。同时，坚决深挖黑恶势力“保护伞”。

二、依法认定和惩处黑社会性质组织犯罪

3. 黑社会性质组织应同时具备《刑法》第二百九十四条第五款中规定的“组织特征”“经济特征”“行为特征”和“危害性特征”。由于实践中许多黑社会性质组织并非这“四个特征”都很明显，在具体认定时，应根据立法本意，认真审查、分析黑社会性质组织“四个特征”相互间的内在联系，准确评价涉案犯罪组织所造成的社会危害，做到不枉不纵。

4. 发起、创建黑社会性质组织，或者对黑社会性质组织进行合并、分立、重组的行为，应当认定为“组织黑社会性质组织”；实际对整个组织的发展、运行、活动进行决策、指挥、协调、管理的行为，应当认定为“领导黑社会性质组织”。黑社会性质组织的组织者、领导者，既包括通过一定形式产生的有明确职务、称谓的组织者、领导者，也包括在黑社会性质组织中被公认的事实上的组织者、领导者。

5. 知道或者应当知道是以实施违法犯罪为基本活动内容的组织，仍加入并接受其领导和管理的行为，应当认定为“参加黑社会性质组织”。没有加入黑社会性质组织的意愿，受雇到黑社会性质组织开办的公司、企业、社团工作，未参与黑社会性质组织违法犯罪活动的，不应认定为“参加黑社会性质组织”。

参加黑社会性质组织并具有以下情形之一的，一般应当认定为“积极参加黑社会性质组织”:多次积极参与黑社会性质组织的违法犯罪活动,或者积极参与较严重的黑社会性质组织的犯罪活动且作用突出,以及其他在组织中起重要作用的情形,如具体主管黑社会性质组织的财务、人员管理等事项。

6. 组织形成后,在一定时期内持续存在,应当认定为“形成较稳定的犯罪组织”。

黑社会性质组织一般在短时间内难以形成,而且成员人数较多,但鉴于“恶势力”团伙和犯罪集团向黑社会性质组织发展是一个渐进的过程,没有明显的性质转变的节点,故对黑社会性质组织存在时间、成员人数问题不宜作出“一刀切”的规定。

黑社会性质组织未举行成立仪式或者进行类似活动的,成立时间可以按照足以反映其初步形成非法影响的标志性事件的发生时间认定。没有明显标志性事件的,可以按照本意见中关于黑社会性质组织违法犯罪活动认定范围的规定,将组织者、领导者与其他组织成员首次共同实施该组织犯罪活动的时间认定为该组织的形成时间。该组织者、领导者因未到案或者因死亡等法定情形未被起诉的,不影响认定。

黑社会性质组织成员既包括已有充分证据证明但尚未归案的组织成员,也包括虽有参加黑社会性质组织的行为但因尚未达到刑事责任年龄或因其他法定情形而未被起诉,或者根据具体情节不作为犯罪处理的组织成员。

7. 在组织的形成、发展过程中通过以下方式获取经济利益的,应当认定为“有组织地通过违法犯罪活动或者其他手段获取经济利益”:

(1)有组织地通过违法犯罪活动或其他不正当手段聚敛;

(2)有组织地以投资、控股、参股、合伙等方式通过合法的生产、经营活动获取;

(3)由组织成员提供或通过其他单位、组织、个人资助取得。

8. 通过上述方式获得一定数量的经济利益,应当认定为“具有一定的经济实力”,同时也包括调动一定规模的经济资源用以支持该组织活动的能力。通过上述方式获取的经济利益,即使是由部分组织成员个人掌控,也应计入黑社会性质组织的“经济实力”。组织成员主动将个人或者家庭资产中的一部分用于支持该组织活动,其个人或者家庭资产可全部计入“一定的经济实力”,但数额明显较小或者仅提供动产、不动产使用权的除外。

由于不同地区的经济发展水平、不同行业的利润空间均存在很大差异,加之黑社会性质组织存在、发展的时间也各有不同，在办案时不能一般性地要求黑社会性质组织所具有的经济实力必须达到特定规模或特定数额。

9. 黑社会性质组织实施的违法犯罪活动包括非暴力性的违法犯罪活动，但暴力或以暴力相威胁始终是黑社会性质组织实施违法犯罪活动的基本手段，并随时可能付诸实施。暴力、威胁色彩虽不明显，但实际是以组织的势力、影响和犯罪能力为依托，以暴力、威胁的现实可能性为基础，足以使他人产生恐惧、恐慌进而形成心理强制或者足以影响、限制人身自由、危及人身财产安全或者影响正常生产、工作、生活的手段，属于《刑法》第二百九十四条第五款第（三）项中的“其他手段”，包括但不限于所谓的“谈判”“协商”“调解”以及滋扰、纠缠、哄闹、聚众造势等手段。

10. 为确立、维护、扩大组织的势力、影响、利益或者按照纪律规约、组织惯例多次实施违法犯罪活动，侵犯不特定多人的人身权利、民主权利、财产权利，破坏经济秩序、社会秩序，应当认定为“有组织地多次进行违法犯罪活动，为非作恶，欺压、残害群众”。

符合以下情形之一的，应当认定为是黑社会性质组织实施的违法犯罪活动：

（1）为该组织争夺势力范围、打击竞争对手、形成强势地位、谋取经济利益、树立非法权威、扩大非法影响、寻求非法保护、增强犯罪能力等实施的；

（2）按照该组织的纪律规约、组织惯例实施的；

（3）组织者、领导者直接组织、策划、指挥、参与实施的；

（4）由组织成员以组织名义实施，并得到组织者、领导者认可或者默许的；

（5）多名组织成员为逞强争霸、插手纠纷、报复他人、替人行凶、非法敛财而共同实施，并得到组织者、领导者认可或者默许的；

（6）其他应当认定为黑社会性质组织实施的。

11. 鉴于黑社会性质组织非法控制和影响的“一定区域”的大小具有相对性，不能简单地要求“一定区域”必须达到某一特定的空间范围，而应当根据具体案情，并结合黑社会性质组织对经济、社会生活秩序的危害程度加以综合分析判断。

通过实施违法犯罪活动，或者利用国家工作人员的包庇或者不依法履行职责，放纵黑社会性质组织进行违法犯罪活动的行为，称霸一方，并具有以下

情形之一的,可认定为“在一定区域或者行业内,形成非法控制或者重大影响,严重破坏经济、社会生活秩序”:

(1)致使在一定区域内生活或者在一定行业内从事生产、经营的多名群众,合法利益遭受犯罪或严重违法活动侵害后,不敢通过正当途径举报、控告的;

(2)对一定行业的生产、经营形成垄断,或者对涉及一定行业的准入、经营、竞争等经济活动形成重要影响的;

(3)插手民间纠纷、经济纠纷,在相关区域或者行业内造成严重影响的;

(4)干扰、破坏他人正常生产、经营、生活,并在相关区域或者行业内造成严重影响的;

(5)干扰、破坏公司、企业、事业单位及社会团体的正常生产,经营、工作秩序,在相关区域、行业内造成严重影响,或者致使其不能正常生产、经营、工作的;

(6)多次干扰、破坏党和国家机关、行业管理部门以及村委会、居委会等基层群众自治组织的工作秩序,或者致使上述单位、组织的职能不能正常行使的;

(7)利用组织的势力、影响,帮助组织成员或他人获取政治地位,或者在党政机关、基层群众自治组织中担任一定职务的;

(8)其他形成非法控制或者重大影响,严重破坏经济、社会生活秩序的情形。

12. 对于组织者、领导者和因犯参加黑社会性质组织罪被判处五年以上有期徒刑的积极参加者,可根据《刑法》第五十六条第一款的规定适用附加剥夺政治权利。对于符合《刑法》第三十七条之一规定的组织成员,应当依法禁止其从事相关职业。符合《刑法》第六十六条规定的组织成员,应当认定为罪犯,依法从重处罚。

对于因有组织的暴力性犯罪被判处死刑缓期执行的黑社会性质组织犯罪分子,可以根据《刑法》第五十条第二款的规定同时决定对其限制减刑。对于因有组织的暴力性犯罪被判处十年以上有期徒刑、无期徒刑的黑社会性质组织犯罪分子,应当根据《刑法》第八十一条第二款规定,不得假释。

13. 对于组织者、领导者一般应当并处没收个人全部财产。对于确属骨干成员或者为该组织转移、隐匿资产的积极参加者,可以并处没收个人全部财产。对于其他组织成员,应当根据所参与实施违法犯罪活动的次数、性质、地位、作用、违法所得数额以及造成损失的数额等情节,依法决定财产刑的适用。

三、依法惩处恶势力犯罪

14.具有下列情形的组织,应当认定为“恶势力”:经常纠集在一起,以暴力、威胁或者其他手段,在一定区域或者行业内多次实施违法犯罪活动,为非作恶,欺压百姓,扰乱经济、社会生活秩序,造成较为恶劣的社会影响,但尚未形成黑社会性质组织的违法犯罪组织。恶势力一般为三人以上,纠集者相对固定,违法犯罪活动主要为强迫交易、故意伤害、非法拘禁、敲诈勒索、故意毁坏财物、聚众斗殴、寻衅滋事等,同时还可能伴随实施开设赌场、组织卖淫、强迫卖淫、贩卖毒品、运输毒品、制造毒品、抢劫、抢夺、聚众扰乱社会秩序、聚众扰乱公共场所秩序、交通秩序以及聚众“打砸抢”等。

在相关法律文书中的犯罪事实认定部分,可使用“恶势力”等表述加以描述。

15.恶势力犯罪集团是符合犯罪集团法定条件的恶势力犯罪组织,其特征表现为:有三名以上的组织成员,有明显的首要分子,重要成员较为固定,组织成员经常纠集在一起,共同故意实施三次以上恶势力惯常实施的犯罪活动或者其他犯罪活动。

16.公安机关、人民检察院、人民法院在办理恶势力犯罪案件时,应当依照上述规定,区别于普通刑事案件,充分运用《刑法》总则关于共同犯罪和犯罪集团的规定,依法从严惩处。

四、依法惩处利用“软暴力”实施的犯罪

17.黑恶势力为谋取不法利益或形成非法影响,有组织地采用滋扰、纠缠、哄闹、聚众造势等手段侵犯人身权利、财产权利,破坏经济秩序、社会秩序,构成犯罪的,应当分别依照《刑法》相关规定处理:

(1)有组织地采用滋扰、纠缠、哄闹、聚众造势等手段扰乱正常的工作、生活秩序,使他人产生心理恐惧或者形成心理强制,分别属于《刑法》第二百九十三条第一款第(二)项规定的“恐吓”、《刑法》第二百二十六规定的“威胁”,同时符合其他犯罪构成条件的,应分别以寻衅滋事罪、强迫交易罪定罪处罚。

《关于办理寻衅滋事刑事案件适用法律若干问题的解释》第二条至第四

条中的“多次”一般应当理解为二年内实施寻衅滋事行为三次以上。二年内多次实施不同种类寻衅滋事行为的，应当追究刑事责任。

(2)以非法占有为目的强行索取公私财物，有组织地采用滋扰、纠缠、哄闹、聚众造势等手段扰乱正常的工作、生活秩序，同时符合《刑法》第二百七十四条规定的其他犯罪构成条件的，应当以敲诈勒索罪定罪处罚。同时由多人实施或者以统一着装、显露纹身、特殊标识以及其他明示或者暗示方式，足以使对方感知相关行为的有组织性的，应当认定为《关于办理敲诈勒索刑事案件适用法律若干问题的解释》第二条第(五)项规定的“以黑恶势力名义敲诈勒索”。

采用上述手段，同时又构成其他犯罪的，应当依法按照处罚较重的规定定罪处罚。

雇佣、指使他人有组织地采用上述手段强迫交易、敲诈勒索，构成强迫交易罪、敲诈勒索罪的，对雇佣者、指使者，一般应当以共同犯罪中的主犯论处。为强索不受法律保护的债务或者因其他非法目的，雇佣、指使他人有组织地采用上述手段寻衅滋事，构成寻衅滋事罪的，对雇佣者、指使者，一般应当以共同犯罪中的主犯论处；为追讨合法债务或者因婚恋、家庭、邻里纠纷等民间矛盾而雇佣、指使，没有造成严重后果的，一般不作为犯罪处理，但经有关部门批评制止或者处理处罚后仍继续实施的除外。

18. 黑恶势力有组织地多次短时间非法拘禁他人的，应当认定为《刑法》第二百三十八条规定的“以其他方法非法剥夺他人人身自由”。非法拘禁他人三次以上、每次持续时间在四小时以上，或者非法拘禁他人累计时间在十二小时以上的，应以非法拘禁罪定罪处罚。

五、依法打击非法放贷讨债的犯罪活动

19. 在民间借贷活动中，如有擅自设立金融机构、非法吸收公众存款、骗取贷款、套取金融机构资金发放高利贷以及为强索债务而实施故意杀人、故意伤害、非法拘禁、故意毁坏财物等行为的，应当按照具体犯罪侦查、起诉、审判。依法符合数罪并罚条件的，应当并罚。

20. 对于以非法占有为目的，假借民间借贷之名，通过“虚增债务”“签订虚假借款协议”“制造资金走账流水”“肆意认定违约”“转单平账”“虚假诉讼”等手段非法占有他人财产，或者使用暴力、威胁手段强立债权、强行索债的，应当根据案件具体事实，以诈骗、强迫交易、敲诈勒索、抢劫、虚假诉讼等罪名侦查、起诉、审判。对于非法占有的被害人实际所得借款以外的虚高“债务”和以“保证金”“中介费”“服务费”等各种名目扣除或收取的额外费用,均应计入违法所得。对于名义上为被害人所得、但在案证据能够证明实际上却为犯罪嫌疑人、被告人实施后续犯罪所使用的“借款”,应予以没收。

21.对采用讨债公司、“地下执法队”等各种形式有组织地进行上述活动,符合黑社会性质组织、犯罪集团认定标准的,应当按照组织、领导、参加黑社会性质组织罪或者犯罪集团侦查、起诉、审判。

六、依法严惩“保护伞”

22.《刑法》第二百九十四条第三款中规定的“包庇”行为,不要求相关国家机关工作人员利用职务便利。利用职务便利包庇黑社会性质组织的,酌情从重处罚。包庇、纵容黑社会性质组织,事先有通谋的,以具体犯罪的共犯论处。

23.公安机关、人民检察院、人民法院对办理黑恶势力犯罪案件中发现的涉嫌包庇、纵容黑社会性质组织犯罪、收受贿赂、渎职侵权等违法违纪线索,应当及时移送有关主管部门和其他相关部门,坚决依法严惩充当黑恶势力“保护伞”的职务犯罪。

24.依法严惩农村“两委”等人员在涉农惠农补贴申领与发放、农村基础设施建设、征地拆迁补偿、救灾扶贫优抚、生态环境保护等过程中,利用职权恃强凌弱、吃拿卡要、侵吞挪用国家专项资金的犯罪,以及放纵、包庇“村霸”和宗族恶势力,致使其坐大成患;或者收受贿赂、徇私舞弊,为“村霸”和宗族恶势力充当“保护伞”的犯罪。

25.公安机关在侦办黑恶势力犯罪案件中,应当注意及时深挖其背后的腐败问题,对于涉嫌特别重大贿赂犯罪案件的犯罪嫌疑人,及时会同有关机关,执行《刑事诉讼法》第三十七条的相关规定,辩护律师在侦查期间会见在押犯罪嫌疑人的,应当经相关侦查机关许可。

七、依法处置涉案财产

26.公安机关、人民检察院、人民法院根据黑社会性质组织犯罪案件的诉讼需要,应当依法查询、查封、扣押、冻结全部涉案财产。公安机关侦查期间,要会同工商、税务、国土、住建、审计、人民银行等部门全面调查涉黑组织及其成员的财产状况。

对于不宜查封、扣押、冻结的经营性资产，可以申请当地政府指定有关部门或者委托有关机构代管或者托管。

对黑社会性质组织及其成员聚敛的财产及其孳息、收益的数额，办案单位可以委托专门机构评估；确实无法准确计算的，可以根据有关法律规定及查明的事实、证据合理估算。

27. 对于依法查封、冻结、扣押的黑社会性质组织涉案财产，应当全面收集、审查证明其来源、性质、用途、权属及价值大小的有关证据。符合下列情形之一的，应当依法追缴、没收：

(1)组织及其成员通过违法犯罪活动或其他不正当手段聚敛的财产及其孳息、收益；

(2)组织成员通过个人实施违法犯罪活动聚敛的财产及其孳息、收益；

(3)其他单位、组织、个人为支持该组织活动资助或主动提供的财产；

(4)通过合法的生产、经营活动获取的财产或者组织成员个人、家庭合法资产中，实际用于支持该组织活动的部分；

(5)组织成员非法持有的违禁品以及供犯罪所用的本人财物；

(6)其他单位、组织、个人利用黑社会性质组织及其成员的违法犯罪活动获取的财产及其孳息、收益；

(7)其他应当追缴、没收的财产。

28. 违法所得已用于清偿债务或者转让给他人，具有下列情形之一的，应当依法追缴：

(1)对方明知是通过违法犯罪活动或者其他不正当手段聚敛的财产及其孳息、收益的；

(2)对方无偿或者以明显低于市场价格取得的；

(3)对方是因非法债务或者违法犯罪活动而取得的；

(4)通过其他方式恶意取得的。

29. 依法应当追缴、没收的财产无法找到、被他人善意取得、价值灭失或者与其他合法财产混合且不可分割的，可以追缴、没收其他等值财产。

30. 黑社会性质组织犯罪嫌疑人、被告人逃匿，在通缉一年后不能到案，或者犯罪嫌疑人、被告人死亡的，应当依照法定程序没收其违法所得。

31. 对于依法查封、扣押、冻结的涉案财产，有证据证明确属被害人合法财产，或者确与黑社会性质组织及其违法犯罪活动无关的应予以返还。

八、其他

32. 司法行政机关应当加强对律师办理黑社会性质组织犯罪案件辩护代理工作的指导监督，指导律师事务所建立健全律师办理黑社会性质组织犯罪的请示报告、集体研究和检查督导制度。办案机关应当依法保障律师各项诉讼权利，为律师履行辩护代理职责提供便利，防止因妨碍辩护律师依法履行职责，对案件办理带来影响。

对黑恶势力犯罪案件开庭审理时，人民法院应当通知对辩护律师所属事务所具有监督管理权限的司法行政机关派员旁听。

对于律师违反会见规定的；以串联组团，联署签名、发表公开信，组织网上聚集、声援等方式或者借个案研讨之名，制造舆论压力，攻击、诋毁司法机关和司法制度，干扰诉讼活动正常进行的；煽动、教唆和组织当事人或者其他人员到司法机关或者其他国家机关静坐、举牌、打横幅、喊口号等，扰乱公共秩序、危害公共安全的；违反规定披露、散布不公开审理案件的信息、材料，或者本人、其他律师在办案过程中获悉的有关案件重要信息、证据材料的，司法行政机关应当依照有关规定予以处罚，构成犯罪的，依法追究刑事责任。对于律师辩护、代理活动中的违法违规行为，相关办案机关要注意收集固定证据，提出司法建议。

33. 监狱应当从严管理组织、领导、参加黑社会性质组织的罪犯，严格罪犯会见、减刑、假释、暂予监外执行等执法活动。对于判处十年以上有期徒刑、无期徒刑，判处死刑缓期二年执行减为有期徒刑、无期徒刑的黑社会性质组织的组织者、领导者，实行跨省、自治区、直辖市异地关押。积极开展黑恶势力犯罪线索排查，教育引导服刑人员检举揭发。社区矫正机构对拟适用社区矫正的黑恶势力犯罪案件的犯罪嫌疑人、被告人，应当认真开展调查评估，为准确适用非监禁刑提供参考。社区矫正机构对组织、领导、参加黑社会性质组织的社区服刑人员要严格监管教育。公安机关、人民检察院、人民法院、司法行政机关要加强协调联动，完善应急处置工作机制，妥善处理社区服刑人员脱管漏管和重新违法犯罪等情形。

34. 办理黑恶势力犯罪案件，要依法建立完善重大疑难案件会商、案件通报等工作机制，进一步加强政法机关之间的配合，形成打击合力；对群众关注度高、社会影响力大的黑恶势力犯罪案件，依法采取挂牌督办、上提一级、异地管辖、指定管辖以及现场联合督导等措施，确保案件质量。根据办理黑恶势力犯罪案件的实际情况，及时汇总问题，归纳经验，适时出台有关证据标准，切实保障有力打击。

35. 公安机关、人民检察院、人民法院办理黑社会性质组织犯罪案件，应当按照《刑事诉讼法》《关于办理黑社会性质组织犯罪案件若干问题的规定》《公安机关办理刑事案件证人保护工作规定》的有关规定，对证人、报案人、控告人、举报人、鉴定人、被害人采取保护措施。

犯罪嫌疑人、被告人，积极配合侦查、起诉、审判工作，在查明黑社会性质组织的组织结构和组织者、领导者的地位作用，组织实施的重大犯罪事实，追缴、没收赃款赃物，打击“保护伞”等方面提供重要线索和证据，经查证属实的，可以根据案件具体情况，依法从轻、减轻或者免除处罚，并对其参照证人保护的有关规定采取保护措施。前述规定，对于确属组织者、领导者的犯罪嫌疑人、被告人应当严格掌握。

对于确有重大立功或者对于认定重大犯罪事实或追缴、没收涉黑财产具有重要作用的组织成员，确有必要通过分案审理予以保护的，公安机关可以与人民检察院、人民法院在充分沟通的基础上作出另案处理的决定。

对于办理黑社会性质组织犯罪案件的政法干警及其近亲属，需要采取保护措施的，可以参照《刑事诉讼法》等关于证人保护的有关规定，采取禁止特定的人员接触、对人身和住宅予以专门性保护等必要的措施，以确保办理案件的司法工作人员及其近亲属的人身安全。

36. 本意见颁布实施后，最高人民法院、最高人民检察院、公安部、司法部联合发布或者单独制定的其他相关规范性文件，内容如与本意见中有关规定不一致的，应当按照本意见执行。

最高人民法院、最高人民检察院、公安部、司法部关于办理恶势力刑事案件若干问题的意见

（2019 年 2 月 28 日　法发〔2019〕10 号）

为认真贯彻落实中央开展扫黑除恶专项斗争的部署要求，正确理解和适用最高人民法院、最高人民检察院、公安部、司法部《关于办理黑恶势力犯罪案件若干问题的指导意见》（法发〔2018〕1 号，以下简称《指导意见》），根据刑法、刑事诉讼法及有关司法解释、规范性文件的规定，现对办理恶势力刑事案件若干问题提出如下意见：

一、办理恶势力刑事案件的总体要求

1. 人民法院、人民检察院、公安机关和司法行政机关要深刻认识恶势力违法犯罪的严重社会危害，毫不动摇地坚持依法严惩方针，在侦查、起诉、审判、执行各阶段，运用多种法律手段全面体现依法从严惩处精神，有力震慑恶势力违法犯罪分子，有效打击和预防恶势力违法犯罪。

2. 人民法院、人民检察院、公安机关和司法行政机关要严格坚持依法办案，确保在案件事实清楚，证据确实、充分的基础上，准确认定恶势力和恶势力犯罪集团，坚决防止人为拔高或者降低认定标准。要坚持贯彻落实宽严相济刑事政策，根据犯罪嫌疑人、被告人的主观恶性、人身危险性、在恶势力、恶势力犯罪集团中的地位、作用以及在具体犯罪中的罪责，切实做到宽严有据，罚当其罪，实现政治效果、法律效果和社会效果的统一。

3. 人民法院、人民检察院、公安机关和司法行政机关要充分发挥各自职能，分工负责，互相配合，互相制约，坚持以审判为中心的刑事诉讼制度改革

要求，严格执行“三项规程”，不断强化程序意识和证据意识，有效加强法律监督，确保严格执法、公正司法，充分保障当事人、诉讼参与人的各项诉讼权利。

二、恶势力、恶势力犯罪集团的认定标准

4. 恶势力，是指经常纠集在一起，以暴力、威胁或者其他手段，在一定区域或者行业内多次实施违法犯罪活动，为非作恶，欺压百姓，扰乱经济、社会生活秩序，造成较为恶劣的社会影响，但尚未形成黑社会性质组织的违法犯罪组织。

5. 单纯为牟取不法经济利益而实施的“黄、赌、毒、盗、抢、骗”等违法犯罪活动，不具有为非作恶、欺压百姓特征的，或者因本人及近亲属的婚恋纠纷、家庭纠纷、邻里纠纷、劳动纠纷、合法债务纠纷而引发以及其他确属事出有因的违法犯罪活动，不应作为恶势力案件处理。

6. 恶势力一般为 3 人以上，纠集者相对固定。纠集者，是指在恶势力实施的违法犯罪活动中起组织、策划、指挥作用的违法犯罪分子。成员较为固定且符合恶势力其他认定条件，但多次实施违法犯罪活动是由不同的成员组织、策划、指挥，也可以认定为恶势力，有前述行为的成员均可以认定为纠集者。

恶势力的其他成员，是指知道或应当知道与他人经常纠集在一起是为了共同实施违法犯罪，仍按照纠集者的组织、策划、指挥参与违法犯罪活动的违法犯罪分子，包括已有充分证据证明但尚未归案的人员，以及因法定情形不予追究法律责任，或者因参与实施恶势力违法犯罪活动已受到行政或刑事处罚的人员。仅因临时雇佣或被雇佣、利用或被利用以及受蒙蔽参与少量恶势力违法犯罪活动的，一般不应认定为恶势力成员。

7. “经常纠集在一起，以暴力、威胁或者其他手段，在一定区域或者行业内多次实施违法犯罪活动”，是指犯罪嫌疑人、被告人于 2 年之内，以暴力、威胁或者其他手段，在一定区域或者行业内多次实施违法犯罪活动，且包括纠集者在内，至少应有 2 名相同的成员多次参与实施违法犯罪活动。对于“纠集在一起”时间明显较短，实施违法犯罪活动刚刚达到“多次”标准，且尚不足以造成较为恶劣影响的，一般不应认定为恶势力。

8. 恶势力实施的违法犯罪活动，主要为强迫交易、故意伤害、非法拘禁、敲诈勒索、故意毁坏财物、聚众斗殴、寻衅滋事，但也包括具有为非作恶、欺压百姓特征，主要以暴力、威胁为手段的其他违法犯罪活动。

恶势力还可能伴随实施开设赌场、组织卖淫、强迫卖淫、贩卖毒品、运输毒品、制造毒品、抢劫、抢夺、聚众扰乱社会秩序、聚众扰乱公共场所秩序、交通秩序以及聚众“打砸抢”等违法犯罪活动，但仅有前述伴随实施的违法犯罪活动，且不能认定具有为非作恶、欺压百姓特征的，一般不应认定为恶势力。

9. 办理恶势力刑事案件，“多次实施违法犯罪活动”至少应包括 1 次犯罪活动。对于反复实施强迫交易、非法拘禁、敲诈勒索、寻衅滋事等单一性质的违法行为，单次情节、数额尚不构成犯罪，但按照刑法或者有关司法解释、规范性文件的规定累加后应作为犯罪处理的，在认定是否属于“多次实施违法犯罪活动”时，可将已用于累加的违法行为计为 1 次犯罪活动，其他违法行为单独计算违法活动的次数。

已被处理或者已作为民间纠纷调处，后经查证确属恶势力违法犯罪活动的，均可以作为认定恶势力的事实依据，但不符合法定情形的，不得重新追究法律责任。

10. 认定“扰乱经济、社会生活秩序，造成较为恶劣的社会影响”，应当结合侵害对象及其数量、违法犯罪次数、手段、规模、人身损害后果、经济损失数额、违法所得数额、引起社会秩序混乱的程度以及对人民群众安全感的影响程度等因素综合把握。

11. 恶势力犯罪集团，是指符合恶势力全部认定条件，同时又符合犯罪集团法定条件的犯罪组织。

恶势力犯罪集团的首要分子，是指在恶势力犯罪集团中起组织、策划、指挥作用的犯罪分子。恶势力犯罪集团的其他成员，是指知道或者应当知道是为共同实施犯罪而组成的较为固定的犯罪组织，仍接受首要分子领导、管理、指挥，并参与该组织犯罪活动的犯罪分子。

恶势力犯罪集团应当有组织地实施多次犯罪活动，同时还可能伴随实施违法活动。恶势力犯罪集团所实施的违法犯罪活动，参照《指导意见》第十条第二款的规定认定。

12. 全部成员或者首要分子、纠集者以及其他重要成员均为未成年人、老年人、残疾人的，认定恶势力、恶势力犯罪集团时应当特别慎重。

三、正确运用宽严相济刑事政策的有关要求

13. 对于恶势力的纠集者、恶势力犯罪集团的首要分子、重要成员以及恶势力、恶势力犯罪集团共同犯罪中罪责严重的主犯，要正确运用法律规定加大惩处力度，对依法应当判处重刑或死刑的，坚决判处重刑或死刑。同时要严格掌握取保候审，严格掌握不起诉，严格掌握缓刑、减刑、假释，严格掌握保外就医适用条件，充分利用资格刑、财产刑等法律手段全方位从严惩处。对于符合刑法第三十七条之一规定的，可以依法禁止其从事相关职业。

对于恶势力、恶势力犯罪集团的其他成员，在共同犯罪中罪责相对较小、人身危险性、主观恶性相对不大的，具有自首、立功、坦白、初犯等法定或酌定从宽处罚情节，可以依法从轻、减轻或免除处罚。认罪认罚或者仅参与实施少量的犯罪活动且只起次要、辅助作用，符合缓刑条件的，可以适用缓刑。

14. 恶势力犯罪集团的首要分子检举揭发与该犯罪集团及其违法犯罪活动有关联的其他犯罪线索，如果在认定立功的问题上存在事实、证据或法律适用方面的争议，应当严格把握。依法应认定为立功或者重大立功的，在决定是否从宽处罚、如何从宽处罚时，应当根据罪责刑相一致原则从严掌握。可能导致全案量刑明显失衡的，不予从宽处罚。

恶势力犯罪集团的其他成员如果能够配合司法机关查办案件，有提供线索、帮助收集证据或者其他协助行为，并在侦破恶势力犯罪集团案件、查处“保护伞”等方面起到较大作用的，即使依法不能认定立功，一般也应酌情对其从轻处罚。

15. 犯罪嫌疑人、被告人同时具有法定、酌定从严和法定、酌定从宽处罚情节的，量刑时要根据所犯具体罪行的严重程度，结合被告人在恶势力、恶势力犯罪集团中的地位、作用、主观恶性、人身危险性等因素整体把握。对于恶势力的纠集者、恶势力犯罪集团的首要分子、重要成员，量刑时要体现总体从严。对于在共同犯罪中罪责相对较小、人身危险性、主观恶性相对不大，且能够真诚认罪悔罪的其他成员，量刑时要体现总体从宽。

16. 恶势力刑事案件的犯罪嫌疑人、被告人自愿如实供述自己的罪行，承认指控的犯罪事实，愿意接受处罚的，可以依法从宽处理，并适用认罪认罚从宽制度。对于犯罪性质恶劣、犯罪手段残忍、社会危害严重的犯罪嫌疑人、被告人，虽然认罪认罚，但不足以从轻处罚的，不适用该制度。

四、办理恶势力刑事案件的其他问题

17. 人民法院、人民检察院、公安机关经审查认为案件符合恶势力认定标准的，应当在起诉意见书、起诉书、判决书、裁定书等法律文书中的案件事实部分明确表述，列明恶势力的纠集者、其他成员、违法犯罪事实以及据以认定的证据；符合恶势力犯罪集团认定标准的，应当在上述法律文书中明确定性，列明首要分子、其他成员、违法犯罪事实以及据以认定的证据，并引用刑法总则关于犯罪集团的相关规定。被告人及其辩护人对恶势力定性提出辩解和辩护意见，人民法院可以在裁判文书中予以评析回应。

恶势力刑事案件的起诉意见书、起诉书、判决书、裁定书等法律文书，可以在案件事实部分先概述恶势力、恶势力犯罪集团的概括事实，再分述具体的恶势力违法犯罪事实。

18. 对于公安机关未在起诉意见书中明确认定，人民检察院在审查起诉期间发现构成恶势力或者恶势力犯罪集团，且相关违法犯罪事实已经查清，证据确实、充分，依法应追究刑事责任的，应当作出起诉决定，根据查明的事实向人民法院提起公诉，并在起诉书中明确认定为恶势力或者恶势力犯罪集团。人民检察院认为恶势力相关违法犯罪事实不清、证据不足，或者存在遗漏恶势力违法犯罪事实、遗漏同案犯罪嫌疑人等情形需要补充侦查的，应当提出具体的书面意见，连同案卷材料一并退回公安机关补充侦查；人民检察院也可以自行侦查，必要时可以要求公安机关提供协助。

对于人民检察院未在起诉书中明确认定，人民法院在审判期间发现构成恶势力或恶势力犯罪集团的，可以建议人民检察院补充或者变更起诉；人民检察院不同意或者在七日内未回复意见的，人民法院不应主动认定，可仅就起诉指控的犯罪事实依照相关规定作出判决、裁定。

审理被告人或者被告人的法定代理人、辩护人、近亲属上诉的案件时，一审判决认定黑社会性质组织有误的，二审法院应当纠正，符合恶势力、恶势力犯罪集团认定标准，应当作出相应认定；一审判决认定恶势力或恶势力犯罪集团有误的，应当纠正，但不得升格认定；一审判决未认定恶势力或恶势力犯罪集团的，不得增加认定。

19. 公安机关、人民检察院、人民法院应当分别以起诉意见书、起诉书、裁判文书所明确的恶势力、恶势力犯罪集团，作为相关数据的统计依据。

20. 本意见自 2019 年 4 月 9 日起施行。

最高人民法院、最高人民检察院、公安部、司法部关于办理“套路贷”刑事案件若干问题的意见

（2019年2月28日　法发〔2019〕11号）

为持续深入开展扫黑除恶专项斗争，准确甄别和依法严厉惩处“套路贷”违法犯罪分子，根据刑法、刑事诉讼法、有关司法解释以及最高人民法院、最高人民检察院、公安部、司法部《关于办理黑恶势力犯罪案件若干问题的指导意见》等规范性文件的规定，现对办理“套路贷”刑事案件若干问题提出如下意见：

一、准确把握“套路贷”与民间借贷的区别

1.“套路贷”，是对以非法占有为目的，假借民间借贷之名，诱使或迫使被害人签订“借贷”或变相“借贷”“抵押”“担保”等相关协议，通过虚增借贷金额、恶意制造违约、肆意认定违约、毁匿还款证据等方式形成虚假债权债务，并借助诉讼、仲裁、公证或者采用暴力、威胁以及其他手段非法占有被害人财物的相关违法犯罪活动的概括性称谓。

2.“套路贷”与平等主体之间基于意思自治而形成的民事借贷关系存在本质区别，民间借贷的出借人是为了到期按照协议约定的内容收回本金并获取利息，不具有非法占有他人财物的目的，也不会在签订、履行借贷协议过程中实施虚增借贷金额、制造虚假给付痕迹、恶意制造违约、肆意认定违约、毁匿还款证据等行为。

司法实践中，应当注意非法讨债引发的案件与“套路贷”案件的区别，犯罪嫌疑人、被告人不具有非法占有目的，也未使用“套路”与借款人形成虚假

债权债务,不应视为“套路贷”。因使用暴力、威胁以及其他手段强行索债构成犯罪的,应当根据具体案件事实定罪处罚。

3. 实践中,“套路贷”的常见犯罪手法和步骤包括但不限于以下情形:

(1)制造民间借贷假象。犯罪嫌疑人、被告人往往以“小额贷款公司”“投资公司”“咨询公司”“担保公司”“网络借贷平台”等名义对外宣传,以低息、无抵押、无担保、快速放款等为诱饵吸引被害人借款,继而以“保证金”“行规”等虚假理由诱使被害人基于错误认识签订金额虚高的“借贷”协议或相关协议。有的犯罪嫌疑人、被告人还会以被害人先前借贷违约等理由,迫使对方签订金额虚高的“借贷”协议或相关协议。

(2)制造资金走账流水等虚假给付事实。犯罪嫌疑人、被告人按照虚高的“借贷”协议金额将资金转入被害人账户,制造已将全部借款交付被害人的银行流水痕迹,随后便采取各种手段将其中全部或者部分资金收回,被害人实际上并未取得或者完全取得“借贷”协议、银行流水上显示的钱款。

(3)故意制造违约或者肆意认定违约。犯罪嫌疑人、被告人往往会以设置违约陷阱、制造还款障碍等方式,故意造成被害人违约,或者通过肆意认定违约,强行要求被害人偿还虚假债务。

(4)恶意垒高借款金额。当被害人无力偿还时,有的犯罪嫌疑人、被告人会安排其所属公司或者指定的关联公司、关联人员为被害人偿还“借款”,继而与被害人签订金额更大的虚高“借贷”协议或相关协议,通过这种“转单平账”“以贷还贷”的方式不断垒高“债务”。

(5)软硬兼施“索债”。在被害人未偿还虚高“借款”的情况下,犯罪嫌疑人、被告人借助诉讼、仲裁、公证或者采用暴力、威胁以及其他手段向被害人或者被害人的特定关系人索取“债务”。

二、依法严惩“套路贷”犯罪

4. 实施“套路贷”过程中,未采用明显的暴力或者威胁手段,其行为特征从整体上表现为以非法占有为目的,通过虚构事实、隐瞒真相骗取被害人财物的,一般以诈骗罪定罪处罚;对于在实施“套路贷”过程中多种手段并用,构成诈骗、敲诈勒索、非法拘禁、虚假诉讼、寻衅滋事、强迫交易、抢劫、绑架等多种犯罪的,应当根据具体案件事实,区分不同情况,依照刑法及有关司法解释的规定数罪并罚或者择一重处。

5. 多人共同实施“套路贷”犯罪,犯罪嫌疑人、被告人在所参与的犯罪中起主要作用的，应当认定为主犯，对其参与或组织、指挥的全部犯罪承担刑事责任；起次要或辅助作用的，应当认定为从犯。

明知他人实施“套路贷”犯罪，具有以下情形之一的，以相关犯罪的共犯论处，但刑法和司法解释等另有规定的除外：

(1)组织发送“贷款”信息、广告，吸引、介绍被害人“借款”的；

(2)提供资金、场所、银行卡、账号、交通工具等帮助的；

(3)出售、提供、帮助获取公民个人信息的；

(4)协助制造走账记录等虚假给付事实的；

(5)协助办理公证的；

(6)协助以虚假事实提起诉讼或者仲裁的；

(7)协助套现、取现、办理动产或不动产过户等，转移犯罪所得及其产生的收益的；

(8)其他符合共同犯罪规定的情形。

上述规定中的“明知他人实施‘套路贷’犯罪”，应当结合行为人的认知能力、既往经历、行为次数和手段、与同案人、被害人的关系、获利情况、是否曾因“套路贷”受过处罚、是否故意规避查处等主客观因素综合分析认定。

6. 在认定“套路贷”犯罪数额时，应当与民间借贷相区别，从整体上予以否定性评价，“虚高债务”和以“利息”“保证金”“中介费”“服务费”“违约金”等名目被犯罪嫌疑人、被告人非法占有的财物，均应计入犯罪数额。

犯罪嫌疑人、被告人实际给付被害人的本金数额，不计入犯罪数额。

已经着手实施“套路贷”，但因意志以外原因未得逞的，可以根据相关罪名所涉及的刑法、司法解释规定，按照已着手非法占有的财物数额认定犯罪未遂。既有既遂，又有未遂，犯罪既遂部分与未遂部分分别对应不同法定刑幅度的，应当先决定对未遂部分是否减轻处罚，确定未遂部分对应的法定刑幅度，再与既遂部分对应的法定刑幅度进行比较，选择处罚较重的法定刑幅度，并酌情从重处罚；二者在同一量刑幅度的，以犯罪既遂酌情从重处罚。

7. 犯罪嫌疑人、被告人实施“套路贷”违法所得的一切财物，应当予以追缴或者责令退赔；对被害人的合法财产，应当及时返还。有证据证明是犯罪嫌疑人、被告人为实施“套路贷”而交付给被害人的本金，赔偿被害人损失后如有剩余，应依法予以没收。

犯罪嫌疑人、被告人已将违法所得的财物用于清偿债务、转让或者设置

其他权利负担,具有下列情形之一的,应当依法追缴:

(1)第三人明知是违法所得财物而接受的;

(2)第三人无偿取得或者以明显低于市场的价格取得违法所得财物的;

(3)第三人通过非法债务清偿或者违法犯罪活动取得违法所得财物的;

(4)其他应当依法追缴的情形。

8. 以老年人、未成年人、在校学生、丧失劳动能力的人为对象实施“套路贷”,或者因实施“套路贷”造成被害人或其特定关系人自杀、死亡、精神失常、为偿还“债务”而实施犯罪活动的,除刑法、司法解释另有规定的外,应当酌情从重处罚。

在坚持依法从严惩处的同时,对于认罪认罚、积极退赃、真诚悔罪或者具有其他法定、酌定从轻处罚情节的被告人,可以依法从宽处罚。

9. 对于“套路贷”犯罪分子,应当根据其所触犯的具体罪名,依法加大财产刑适用力度。符合刑法第三十七条之一规定的,可以依法禁止从事相关职业。

10. 三人以上为实施“套路贷”而组成的较为固定的犯罪组织,应当认定为犯罪集团。对首要分子应按照集团所犯全部罪行处罚。

符合黑恶势力认定标准的,应当按照黑社会性质组织、恶势力或者恶势力犯罪集团侦查、起诉、审判。

三、依法确定“套路贷”刑事案件管辖

11. “套路贷”犯罪案件一般由犯罪地公安机关侦查,如果由犯罪嫌疑人居住地公安机关立案侦查更为适宜的,可以由犯罪嫌疑人居住地公安机关立案侦查。犯罪地包括犯罪行为发生地和犯罪结果发生地。

“犯罪行为发生地”包括为实施“套路贷”所设立的公司所在地、“借贷”协议或相关协议签订地、非法讨债行为实施地、为实施“套路贷”而进行诉讼、仲裁、公证的受案法院、仲裁委员会、公证机构所在地,以及“套路贷”行为的预备地、开始地、途经地、结束地等。

“犯罪结果发生地”包括违法所得财物的支付地、实际取得地、藏匿地、转移地、使用地、销售地等。

除犯罪地、犯罪嫌疑人居住地外,其他地方公安机关对于公民扭送、报案、控告、举报或者犯罪嫌疑人自首的“套路贷”犯罪案件,都应当立即受理,经审查认为有犯罪事实的,移送有管辖权的公安机关处理。

黑恶势力实施的“套路贷”犯罪案件，由侦办黑社会性质组织、恶势力或者恶势力犯罪集团案件的公安机关进行侦查。

12. 具有下列情形之一的，有关公安机关可以在其职责范围内并案侦查：

(1)一人犯数罪的；

(2)共同犯罪的；

(3)共同犯罪的犯罪嫌疑人还实施其他犯罪的；

(4)多个犯罪嫌疑人实施的犯罪存在直接关联，并案处理有利于查明案件事实的。

13. 本意见自2019年4月9日起施行。

最高人民法院、最高人民检察院、公安部、司法部关于办理实施“软暴力”的刑事案件若干问题的意见

(2019年4月9日)

为深入贯彻落实中央关于开展扫黑除恶专项斗争的决策部署，正确理解和适用最高人民法院、最高人民检察院、公安部、司法部《关于办理黑恶势力犯罪案件若干问题的指导意见》(法发〔2018〕1号，以下简称《指导意见》)关于对依法惩处采用“软暴力”实施犯罪的规定，依法办理相关犯罪案件，根据《刑法》《刑事诉讼法》及有关司法解释、规范性文件，提出如下意见：

一、“软暴力”是指行为人为谋取不法利益或形成非法影响，对他人或者在有关场所进行滋扰、纠缠、哄闹、聚众造势等，足以使他人产生恐惧、恐慌进而形成心理强制，或者足以影响、限制人身自由、危及人身财产安全，影响正常生活、工作、生产、经营的违法犯罪手段。

二、“软暴力”违法犯罪手段通常的表现形式有：

（一）侵犯人身权利、民主权利、财产权利的手段，包括但不限于跟踪贴靠、扬言传播疾病、揭发隐私、恶意举报、诬告陷害、破坏、霸占财物等；

（二）扰乱正常生活、工作、生产、经营秩序的手段，包括但不限于非法侵入他人住宅、破坏生活设施、设置生活障碍、贴报喷字、拉挂横幅、燃放鞭炮、播放哀乐、摆放花圈、泼洒污物、断水断电、堵门阻工，以及通过驱赶从业人员、派驻人员据守等方式直接或间接地控制厂房、办公区、经营场所等；

（三）扰乱社会秩序的手段，包括但不限于摆场架势示威、聚众哄闹滋扰、拦路闹事等；

（四）其他符合本意见第一条规定的“软暴力”手段。

通过信息网络或者通讯工具实施，符合本意见第一条规定的违法犯罪手段，应当认定为“软暴力”。

三、行为人实施“软暴力”，具有下列情形之一，可以认定为足以使他人产生恐惧、恐慌进而形成心理强制或者足以影响、限制人身自由、危及人身财产安全或者影响正常生活、工作、生产、经营：

（一）黑恶势力实施的；

（二）以黑恶势力名义实施的；

（三）曾因组织、领导、参加黑社会性质组织、恶势力犯罪集团、恶势力以及因强迫交易、非法拘禁、敲诈勒索、聚众斗殴、寻衅滋事等犯罪受过刑事处罚后又实施的；

（四）携带凶器实施的；

（五）有组织地实施的或者足以使他人认为暴力、威胁具有现实可能性的；

（六）其他足以使他人产生恐惧、恐慌进而形成心理强制或者足以影响、限制人身自由、危及人身财产安全或者影响正常生活、工作、生产、经营的情形。

由多人实施的，编造或明示暴力违法犯罪经历进行恐吓的，或者以自报组织、头目名号、统一着装、显露纹身、特殊标识以及其他明示、暗示方式，足以使他人感知相关行为的有组织性的，应当认定为“以黑恶势力名义实施”。

由多人实施的，只要有部分行为人符合本条第一款第（一）项至第（四）项所列情形的，该项即成立。

虽然具体实施“软暴力”的行为人不符合本条第一款第(一)项、第(三)项所列情形,但雇佣者、指使者或者纠集者符合的,该项成立。

四、“软暴力”手段属于《刑法》第二百九十四条第五款第(三)项“黑社会性质组织行为特征”以及《指导意见》第14条“恶势力”概念中的“其他手段”。

五、采用“软暴力”手段,使他人产生心理恐惧或者形成心理强制,分别属于《刑法》第二百二十六条规定的“威胁”、《刑法》第二百九十三条第一款第(二)项规定的“恐吓”,同时符合其他犯罪构成要件的,应当分别以强迫交易罪、寻衅滋事罪定罪处罚。

《关于办理寻衅滋事刑事案件适用法律若干问题的解释》第二条至第四条中的“多次”一般应当理解为二年内实施寻衅滋事行为三次以上。三次以上寻衅滋事行为既包括同一类别的行为,也包括不同类别的行为;既包括未受行政处罚的行为,也包括已受行政处罚的行为。

六、有组织地多次短时间非法拘禁他人的,应当认定为《刑法》第二百三十八条规定的“以其他方法非法剥夺他人人身自由”。非法拘禁他人三次以上、每次持续时间在四小时以上,或者非法拘禁他人累计时间在十二小时以上的,应当以非法拘禁罪定罪处罚。

七、以“软暴力”手段非法进入或者滞留他人住宅的,应当认定为《刑法》第二百四十五条规定的“非法侵入他人住宅”,同时符合其他犯罪构成要件的,应当以非法侵入住宅罪定罪处罚。

八、以非法占有为目的,采用“软暴力”手段强行索取公私财物,同时符合《刑法》第二百七十四条规定的其他犯罪构成要件的,应当以敲诈勒索罪定罪处罚。

《关于办理敲诈勒索刑事案件适用法律若干问题的解释》第三条中“二年内敲诈勒索三次以上”,包括已受行政处罚的行为。

九、采用“软暴力”手段,同时构成两种以上犯罪的,依法按照处罚较重的犯罪定罪处罚,法律另有规定的除外。

十、根据本意见第五条、第八条规定,对已受行政处罚的行为追究刑事责任的,行为人先前所受的行政拘留处罚应当折抵刑期,罚款应当抵扣罚金。

十一、雇佣、指使他人采用“软暴力”手段强迫交易、敲诈勒索,构成强迫交易罪、敲诈勒索罪的,对雇佣者、指使者,一般应当以共同犯罪中的主犯论处。

为强索不受法律保护的债务或者因其他非法目的,雇佣、指使他人采用"软暴力"手段非法剥夺他人人身自由构成非法拘禁罪,或者非法侵入他人住宅、寻衅滋事,构成非法侵入住宅罪、寻衅滋事罪的,对雇佣者、指使者,一般应当以共同犯罪中的主犯论处;因本人及近亲属合法债务、婚恋、家庭、邻里纠纷等民间矛盾而雇佣、指使,没有造成严重后果的,一般不作为犯罪处理,但经有关部门批评制止或者处理处罚后仍继续实施的除外。

十二、本意见自2019年4月9日起施行。

最高人民法院、最高人民检察院、公安部、司法部关于办理黑恶势力刑事案件中财产处置若干问题的意见

(2019年4月9日)

为认真贯彻中央关于开展扫黑除恶专项斗争的重大决策部署,彻底铲除黑恶势力犯罪的经济基础,根据刑法、刑事诉讼法及最高人民法院、最高人民检察院、公安部、司法部《关于办理黑恶势力犯罪案件若干问题的指导意见》(法发〔2018〕1号)等规定,现对办理黑恶势力刑事案件中财产处置若干问题提出如下意见:

一、总体工作要求

1. 公安机关、人民检察院、人民法院在办理黑恶势力犯罪案件时,在查明黑恶势力组织违法犯罪事实并对黑恶势力成员依法定罪量刑的同时,要全面调查黑恶势力组织及其成员的财产状况,依法对涉案财产采取查询、查封、扣押、冻结等措施,并根据查明的情况,依法作出处理。

前款所称处理既包括对涉案财产中犯罪分子违法所得、违禁品、供犯罪所用的本人财物以及其他等值财产等依法追缴、没收，也包括对被害人的合法财产等依法返还。

2. 对涉案财产采取措施，应当严格依照法定条件和程序进行。严禁在立案之前查封、扣押、冻结财物。凡查封、扣押、冻结的财物，都应当及时进行审查，防止因程序违法、工作瑕疵等影响案件审理以及涉案财产处置。

3. 对涉案财产采取措施，应当为犯罪嫌疑人、被告人及其所扶养的亲属保留必需的生活费用和物品。

根据案件具体情况，在保证诉讼活动正常进行的同时，可以允许有关人员继续合理使用有关涉案财产，并采取必要的保值保管措施，以减少案件办理对正常办公和合法生产经营的影响。

4. 要彻底摧毁黑社会性质组织的经济基础，防止其死灰复燃。对于组织者、领导者一般应当并处没收个人全部财产。对于确属骨干成员或者为该组织转移、隐匿资产的积极参加者，可以并处没收个人全部财产。对于其他组织成员，应当根据所参与实施违法犯罪活动的次数、性质、地位、作用、违法所得数额以及造成损失的数额等情节，依法决定财产刑的适用。

5. 要深挖细查并依法打击黑恶势力组织进行的洗钱以及掩饰、隐瞒犯罪所得、犯罪所得收益等转变涉案财产性质的关联犯罪。

二、依法采取措施全面收集证据

6. 公安机关侦查期间，要根据《公安机关办理刑事案件适用查封、冻结措施相关规定》（公通字〔2013〕30 号）等有关规定，会同有关部门全面调查黑恶势力及其成员的财产状况，并可以根据诉讼需要，先行依法对下列财产采取查询、查封、扣押、冻结等措施：

（1）黑恶势力组织的财产；

（2）犯罪嫌疑人个人所有的财产；

（3）犯罪嫌疑人实际控制的财产；

（4）犯罪嫌疑人出资购买的财产；

（5）犯罪嫌疑人转移至他人名下的财产；

（6）犯罪嫌疑人涉嫌洗钱以及掩饰、隐瞒犯罪所得、犯罪所得收益等犯罪涉及的财产；

（7）其他与黑恶势力组织及其违法犯罪活动有关的财产。

7. 查封、扣押、冻结已登记的不动产、特定动产及其他财产，应当通知有关登记机关，在查封、扣押、冻结期间禁止被查封、扣押、冻结的财产流转，不得办理被查封、扣押、冻结财产权属变更、抵押等手续。必要时可以提取有关产权证照。

8. 公安机关对于采取措施的涉案财产，应当全面收集证明其来源、性质、用途、权属及价值的有关证据，审查判断是否应当依法追缴、没收。

证明涉案财产来源、性质、用途、权属及价值的有关证据一般包括：

（1）犯罪嫌疑人、被告人关于财产来源、性质、用途、权属、价值的供述；

（2）被害人、证人关于财产来源、性质、用途、权属、价值的陈述、证言；

（3）财产购买凭证、银行往来凭据、资金注入凭据、权属证明等书证；

（4）财产价格鉴定、评估意见；

（5）可以证明财产来源、性质、用途、权属、价值的其他证据。

9. 公安机关对应当依法追缴、没收的财产中黑恶势力组织及其成员聚敛的财产及其孳息、收益的数额，可以委托专门机构评估；确实无法准确计算的，可以根据有关法律规定及查明的事实、证据合理估算。

人民检察院、人民法院对于公安机关委托评估、估算的数额有不同意见的，可以重新委托评估、估算。

10. 人民检察院、人民法院根据案件诉讼的需要，可以依法采取上述相关措施。

三、准确处置涉案财产

11. 公安机关、人民检察院应当加强对在案财产审查甄别。在移送审查起诉、提起公诉时，一般应当对采取措施的涉案财产提出处理意见建议，并将采取措施的涉案财产及其清单随案移送。

人民检察院经审查，除对随案移送的涉案财产提出处理意见外，还需要对继续追缴的尚未被足额查封、扣押的其他违法所得提出处理意见建议。

涉案财产不宜随案移送的，应当按照相关法律、司法解释的规定，提供相应的清单、照片、录像、封存手续、存放地点说明、鉴定、评估意见、变价处理凭证等材料。

12. 对于不宜查封、扣押、冻结的经营性财产，公安机关、人民检察院、人民法院可以申请当地政府指定有关部门或者委托有关机构代管或者托管。

对易损毁、灭失、变质等不宜长期保存的物品，易贬值的汽车、船艇等物品,或者市场价格波动大的债券、股票、基金等财产,有效期即将届满的汇票、本票、支票等,经权利人同意或者申请,并经县级以上公安机关、人民检察院或者人民法院主要负责人批准,可以依法出售、变现或者先行变卖、拍卖,所得价款由扣押、冻结机关保管,并及时告知当事人或者其近亲属。

13. 人民检察院在法庭审理时应当对证明黑恶势力犯罪涉案财产情况进行举证质证,对于既能证明具体个罪又能证明经济特征的涉案财产情况相关证据在具体个罪中出示后,在经济特征中可以简要说明,不再重复出示。

14. 人民法院作出的判决,除应当对随案移送的涉案财产作出处理外,还应当在判决书中写明需要继续追缴尚未被足额查封、扣押的其他违法所得;对随案移送财产进行处理时,应当列明相关财产的具体名称、数量、金额、处置情况等。涉案财产或者有关当事人人数较多,不宜在判决书正文中详细列明的,可以概括叙述并另附清单。

15. 涉案财产符合下列情形之一的,应当依法追缴、没收:

(1)黑恶势力组织及其成员通过违法犯罪活动或者其他不正当手段聚敛的财产及其孳息、收益;

(2)黑恶势力组织成员通过个人实施违法犯罪活动聚敛的财产及其孳息、收益;

(3)其他单位、组织、个人为支持该黑恶势力组织活动资助或者主动提供的财产;

(4)黑恶势力组织及其成员通过合法的生产、经营活动获取的财产或者组织成员个人、家庭合法财产中,实际用于支持该组织活动的部分;

(5)黑恶势力组织成员非法持有的违禁品以及供犯罪所用的本人财物;

(6)其他单位、组织、个人利用黑恶势力组织及其成员违法犯罪活动获取的财产及其孳息、收益;

(7)其他应当追缴、没收的财产。

16. 应当追缴、没收的财产已用于清偿债务或者转让、或者设置其他权利负担,具有下列情形之一的,应当依法追缴:

(1)第三人明知是违法犯罪所得而接受的;

(2)第三人无偿或者以明显低于市场的价格取得涉案财物的;

(3)第三人通过非法债务清偿或者违法犯罪活动取得涉案财物的;

(4)第三人通过其他方式恶意取得涉案财物的。

17. 涉案财产符合下列情形之一的，应当依法返还：

（1）有证据证明确属被害人合法财产；

（2）有证据证明确与黑恶势力及其违法犯罪活动无关。

18. 有关违法犯罪事实查证属实后，对于有证据证明权属明确且无争议的被害人、善意第三人或者其他人员合法财产及其孳息，凡返还不损害其他利害关系人的利益，不影响案件正常办理的，应当在登记、拍照或者录像后，依法及时返还。

四、依法追缴、没收其他等值财产

19. 有证据证明依法应当追缴、没收的涉案财产无法找到、被他人善意取得、价值灭失或者与其他合法财产混合且不可分割的，可以追缴、没收其他等值财产。

对于证明前款各种情形的证据，公安机关或者人民检察院应当及时调取。

20. 本意见第19条所称“财产无法找到”，是指有证据证明存在依法应当追缴、没收的财产，但无法查证财产去向、下落的。被告人有不同意见的，应当出示相关证据。

21. 追缴、没收的其他等值财产的数额，应当与无法直接追缴、没收的具体财产的数额相对应。

五、其他

22. 本意见所称孳息，包括天然孳息和法定孳息。

本意见所称收益，包括但不限于以下情形：

（1）聚敛、获取的财产直接产生的收益，如使用聚敛、获取的财产购买彩票中奖所得收益等；

（2）聚敛、获取的财产用于违法犯罪活动产生的收益，如使用聚敛、获取的财产赌博赢利所得收益、非法放贷所得收益、购买并贩卖毒品所得收益等；

（3）聚敛、获取的财产投资、置业形成的财产及其收益；

（4）聚敛、获取的财产和其他合法财产共同投资或者置业形成的财产中，与聚敛、获取的财产对应的份额及其收益；

（5）应当认定为收益的其他情形。

23. 本意见未规定的黑恶势力刑事案件财产处置工作其他事宜，根据相关法律法规、司法解释等规定办理。

24. 本意见自2019年4月9日起施行。

最高人民法院、最高人民检察院、公安部、司法部关于办理利用信息网络实施黑恶势力犯罪刑事案件若干问题的意见

（2019 年 7 月 23 日）

为认真贯彻中央关于开展扫黑除恶专项斗争的部署要求，正确理解和适用最高人民法院、最高人民检察院、公安部、司法部《关于办理黑恶势力犯罪案件若干问题的指导意见》（法发〔2018〕1 号，以下简称《指导意见》），根据刑法、刑事诉讼法、网络安全法及有关司法解释、规范性文件的规定，现对办理利用信息网络实施黑恶势力犯罪案件若干问题提出以下意见：

一、总体要求

1. 各级人民法院、人民检察院、公安机关及司法行政机关应当统一执法思想、提高执法效能，坚持“打早打小”，坚决依法严厉惩处利用信息网络实施的黑恶势力犯罪，有效维护网络安全和经济、社会生活秩序。

2. 各级人民法院、人民检察院、公安机关及司法行政机关应当正确运用法律，严格依法办案，坚持“打准打实”，认真贯彻落实宽严相济刑事政策，切实做到宽严有据、罚当其罪，实现政治效果、法律效果和社会效果的统一。

3. 各级人民法院、人民检察院、公安机关及司法行政机关应当分工负责，互相配合、互相制约，切实加强与相关行政管理部门的协作，健全完善风险防控机制，积极营造线上线下社会综合治理新格局。

二、依法严惩利用信息网络实施的黑恶势力犯罪

4. 对通过发布、删除负面或虚假信息，发送侮辱性信息、图片，以及利用信息、电话骚扰等方式，威胁、要挟、恐吓、滋扰他人，实施黑恶势力违法犯罪的，应当准确认定，依法严惩。

5. 利用信息网络威胁他人，强迫交易，情节严重的，依照刑法第二百二十六条的规定，以强迫交易罪定罪处罚。

6. 利用信息网络威胁、要挟他人，索取公私财物，数额较大，或者多次实施上述行为的，依照刑法第二百七十四条的规定，以敲诈勒索罪定罪处罚。

7. 利用信息网络辱骂、恐吓他人，情节恶劣，破坏社会秩序的，依照刑法第二百九十三条第一款第二项的规定，以寻衅滋事罪定罪处罚。

编造虚假信息，或者明知是编造的虚假信息，在信息网络上散布，或者组织、指使人员在信息网络上散布，起哄闹事，造成公共秩序严重混乱的，依照刑法第二百九十三条第一款第四项的规定，以寻衅滋事罪定罪处罚。

8. 侦办利用信息网络实施的强迫交易、敲诈勒索等非法敛财类案件，确因被害人人数众多等客观条件的限制，无法逐一收集被害人陈述的，可以结合已收集的被害人陈述，以及经查证属实的银行账户交易记录、第三方支付结算账户交易记录、通话记录、电子数据等证据，综合认定被害人人数以及涉案资金数额等。

三、准确认定利用信息网络实施犯罪的黑恶势力

9. 利用信息网络实施违法犯罪活动，符合刑法、《指导意见》以及最高人民法院、最高人民检察院、公安部、司法部《关于办理恶势力刑事案件若干问题的意见》等规定的恶势力、恶势力犯罪集团、黑社会性质组织特征和认定标准的，应当依法认定为恶势力、恶势力犯罪集团、黑社会性质组织。

认定利用信息网络实施违法犯罪活动的黑社会性质组织时，应当依照刑法第二百九十四条第五款规定的“四个特征”进行综合审查判断，分析“四个特征”相互间的内在联系，根据在网络空间和现实社会中实施违法犯罪活动对公民人身、财产、民主权利和经济、社会生活秩序所造成的危害，准确评价，依法予以认定。

10. 认定利用信息网络实施违法犯罪的黑恶势力组织特征，要从违法犯罪的起因、目的，以及组织、策划、指挥、参与人员是否相对固定，组织形成后是否持续进行犯罪活动、是否有明确的职责分工、行为规范、利益分配机制等方面综合判断。利用信息网络实施违法犯罪的黑恶势力组织成员之间一般通过即时通讯工具、通讯群组、电子邮件、网盘等信息网络方式联络，对部分组织成员通过信息网络方式联络实施黑恶势力违法犯罪活动，即使相互未见面、彼此不熟识，不影响对组织特征的认定。

11. 利用信息网络有组织地通过实施违法犯罪活动或者其他手段获取一定数量的经济利益，用于违法犯罪活动或者支持该组织生存、发展的，应当认定为符合刑法第二百九十四条第五款第二项规定的黑社会性质组织经济特征。

12. 通过线上线下相结合的方式，有组织地多次利用信息网络实施违法犯罪活动，侵犯不特定多人的人身权利、民主权利、财产权利，破坏经济秩序、社会秩序的，应当认定为符合刑法第二百九十四条第五款第三项规定的黑社会性质组织行为特征。单纯通过线上方式实施的违法犯罪活动，且不具有为非作恶、欺压残害群众特征的，一般不应作为黑社会性质组织行为特征的认定依据。

13. 对利用信息网络实施黑恶势力犯罪非法控制和影响的"一定区域或者行业"，应当结合危害行为发生地或者危害行业的相对集中程度，以及犯罪嫌疑人、被告人在网络空间和现实社会中的控制和影响程度综合判断。虽然危害行为发生地、危害的行业比较分散，但涉案犯罪组织利用信息网络多次实施强迫交易、寻衅滋事、敲诈勒索等违法犯罪活动，在网络空间和现实社会造成重大影响，严重破坏经济、社会生活秩序的，应当认定为"在一定区域或者行业内，形成非法控制或者重大影响"。

四、利用信息网络实施黑恶势力犯罪案件管辖

14. 利用信息网络实施的黑恶势力犯罪案件管辖依照《关于办理黑社会性质组织犯罪案件若干问题的规定》和《关于办理网络犯罪案件适用刑事诉讼程序若干问题的意见》的有关规定确定，坚持以犯罪地管辖为主、被告人居住地管辖为辅的原则。

15. 公安机关可以依法对利用信息网络实施的黑恶势力犯罪相关案件并案侦查或者指定下级公安机关管辖，并案侦查或者由上级公安机关指定管辖的公安机关应当全面调查收集能够证明黑恶势力犯罪事实的证据，各涉案地公安机关应当积极配合。并案侦查或者由上级公安机关指定管辖的案件，需要提请批准逮捕、移送审查起诉、提起公诉的，由立案侦查的公安机关所在地的人民检察院、人民法院受理。

16. 人民检察院对于公安机关提请批准逮捕、移送审查起诉的利用信息网络实施的黑恶势力犯罪案件,人民法院对于已进入审判程序的利用信息网络实施的黑恶势力犯罪案件,被告人及其辩护人提出的管辖异议成立,或者办案单位发现没有管辖权的,受案人民检察院、人民法院经审查,可以依法报请与有管辖权的人民检察院、人民法院共同的上级人民检察院、人民法院指定管辖,不再自行移交。对于在审查批准逮捕阶段,上级检察机关已经指定管辖的案件,审查起诉工作由同一人民检察院受理。人民检察院、人民法院认为应当分案起诉、审理的,可以依法分案处理。

17. 公安机关指定下级公安机关办理利用信息网络实施的黑恶势力犯罪案件的,应当同时抄送同级人民检察院、人民法院。人民检察院认为需要依法指定审判管辖的,应当协商同级人民法院办理指定管辖有关事宜。

18. 本意见自 2019 年 10 月 21 日起施行。

最高人民法院、最高人民检察院、公安部、司法部关于办理非法放贷刑事案件若干问题的意见

(2019 年 7 月 23 日　法发〔2019〕24 号)

为依法惩治非法放贷犯罪活动,切实维护国家金融市场秩序与社会和谐稳定,有效防范因非法放贷诱发涉黑涉恶以及其他违法犯罪活动,保护公民、法人和其他组织合法权益,根据刑法、刑事诉讼法及有关司法解释、规范性文件的规定,现对办理非法放贷刑事案件若干问题提出如下意见:

一、违反国家规定,未经监管部门批准,或者超越经营范围,以营利为目

的，经常性地向社会不特定对象发放贷款，扰乱金融市场秩序，情节严重的，依照刑法第二百二十五条第（四）项的规定，以非法经营罪定罪处罚。

前款规定中的“经常性地向社会不特定对象发放贷款”，是指 2 年内向不特定多人（包括单位和个人）以借款或其他名义出借资金 10 次以上。

贷款到期后延长还款期限的，发放贷款次数按照 1 次计算。

二、以超过 36% 的实际年利率实施符合本意见第一条规定的非法放贷行为，具有下列情形之一的，属于刑法第二百二十五条规定的“情节严重”，但单次非法放贷行为实际年利率未超过 36% 的，定罪量刑时不得计入：

（一）个人非法放贷数额累计在 200 万元以上的，单位非法放贷数额累计在 1000 万元以上的；

（二）个人违法所得数额累计在 80 万元以上的，单位违法所得数额累计在 400 万元以上的；

（三）个人非法放贷对象累计在 50 人以上的，单位非法放贷对象累计在 150 人以上的；

（四）造成借款人或者其近亲属自杀、死亡或者精神失常等严重后果的。

具有下列情形之一的，属于刑法第二百二十五条规定的“情节特别严重”：

（一）个人非法放贷数额累计在 1000 万元以上的，单位非法放贷数额累计在 5000 万元以上的；

（二）个人违法所得数额累计在 400 万元以上的，单位违法所得数额累计在 2000 万元以上的；

（三）个人非法放贷对象累计在 250 人以上的，单位非法放贷对象累计在 750 人以上的；

（四）造成多名借款人或者其近亲属自杀、死亡或者精神失常等特别严重后果的。

三、非法放贷数额、违法所得数额、非法放贷对象数量接近本意见第二条规定的“情节严重”“情节特别严重”的数额、数量起点标准，并具有下列情形之一的，可以分别认定为“情节严重”“情节特别严重”：

（一）2 年内因实施非法放贷行为受过行政处罚 2 次以上的；

（二）以超过 72% 的实际年利率实施非法放贷行为 10 次以上的。

前款规定中的“接近”，一般应当掌握在相应数额、数量标准的 80%

以上。

四、仅向亲友、单位内部人员等特定对象出借资金,不得适用本意见第一条的规定定罪处罚。但具有下列情形之一的,定罪量刑时应当与向不特定对象非法放贷的行为一并处理:

(一)通过亲友、单位内部人员等特定对象向不特定对象发放贷款的;

(二)以发放贷款为目的,将社会人员吸收为单位内部人员,并向其发放贷款的;

(三)向社会公开宣传,同时向不特定多人和亲友、单位内部人员等特定对象发放贷款的。

五、非法放贷数额应当以实际出借给借款人的本金金额认定。非法放贷行为人以介绍费、咨询费、管理费、逾期利息、违约金等名义和以从本金中预先扣除等方式收取利息的,相关数额在计算实际年利率时均应计入。

非法放贷行为人实际收取的除本金之外的全部财物,均应计入违法所得。

非法放贷行为未经处理的,非法放贷次数和数额、违法所得数额、非法放贷对象数量等应当累计计算。

六、为从事非法放贷活动,实施擅自设立金融机构、套取金融机构资金高利转贷、骗取贷款、非法吸收公众存款等行为,构成犯罪的,应当择一重罪处罚。

为强行索要因非法放贷而产生的债务,实施故意杀人、故意伤害、非法拘禁、故意毁坏财物、寻衅滋事等行为,构成犯罪的,应当数罪并罚。

纠集、指使、雇佣他人采用滋扰、纠缠、哄闹、聚众造势等手段强行索要债务,尚不单独构成犯罪,但实施非法放贷行为已构成非法经营罪的,应当按照非法经营罪的规定酌情从重处罚。

以上规定的情形,刑法、司法解释另有规定的除外。

七、有组织地非法放贷,同时又有其他违法犯罪活动,符合黑社会性质组织或者恶势力、恶势力犯罪集团认定标准的,应当分别按照黑社会性质组织或者恶势力、恶势力犯罪集团侦查、起诉、审判。

黑恶势力非法放贷的,据以认定“情节严重”“情节特别严重”的非法放贷数额、违法所得数额、非法放贷对象数量起点标准,可以分别按照本意见第二条规定中相应数额、数量标准的50%确定;同时具有本意见第三条第一款规定情形的,可以分别按照相应数额、数量标准的40%确定。

八、本意见自2019年10月21日起施行。对于本意见施行前发生的非法放贷行为,依照最高人民法院《关于准确理解和适用刑法中“国家规定”的有关问题的通知》(法发〔2011〕155号)的规定办理。

最高人民法院、最高人民检察院、公安部、司法部关于跨省异地执行刑罚的黑恶势力罪犯坦白检举构成自首立功若干问题的意见

(2019年10月21日)

各省、自治区、直辖市高级人民法院、人民检察院、公安厅(局)、司法厅(局),新疆维吾尔自治区高级人民法院生产建设兵团分院、新疆生产建设兵团人民检察院、公安局、司法局、监狱管理局:

为认真贯彻落实中央开展扫黑除恶专项斗争的部署要求,根据刑法、刑事诉讼法和有关司法解释、规范性文件的规定,现对办理跨省异地执行刑罚的黑恶势力罪犯坦白交代本人犯罪和检举揭发他人犯罪案件提出如下意见:

一、总体工作要求

1. 人民法院、人民检察院、公安机关、监狱要充分认识黑恶势力犯罪的严重社会危害,在办理案件中加强沟通协调,促使黑恶势力罪犯坦白交代本人犯罪和检举揭发他人犯罪,进一步巩固和扩大扫黑除恶专项斗争成果。

2. 人民法院、人民检察院、公安机关、监狱在办理跨省异地执行刑罚的黑恶势力罪犯坦白、检举构成自首、立功案件中,应当贯彻宽严相济刑事政策,

充分发挥职能作用，坚持依法办案，快办快结，保持密切配合，形成合力，实现政治效果、法律效果和社会效果的统一。

二、排查和移送案件线索

3. 监狱应当依法从严管理跨省异地执行刑罚的黑恶势力罪犯，积极开展黑恶势力犯罪线索排查，加大政策宣讲力度，教育引导罪犯坦白交代司法机关还未掌握的本人其他犯罪行为，鼓励罪犯检举揭发他人犯罪行为。

4. 跨省异地执行刑罚的黑恶势力罪犯检举揭发他人犯罪行为、提供重要线索，或者协助司法机关抓捕其他犯罪嫌疑人的，各部门在办案中应当采取必要措施，保护罪犯及其近亲属人身和财产安全。

5. 跨省异地执行刑罚的黑恶势力罪犯坦白、检举的，监狱应当就基本犯罪事实、涉案人员和作案时间、地点等情况对罪犯进行询问，形成书面材料后报省级监狱管理机关。省级监狱管理机关根据案件性质移送原办案侦查机关所在地省级公安机关、人民检察院或者其他省级主管部门。

6. 原办案侦查机关所在地省级公安机关、人民检察院收到监狱管理机关移送的案件线索材料后，应当进行初步审查。经审查认为属于公安机关或者人民检察院管辖的，应当按照有关管辖的规定处理。经审查认为不属于公安机关或者人民检察院管辖的，应当及时退回移送的省级监狱管理机关，并书面说明理由。

三、办理案件程序

7. 办案侦查机关收到罪犯坦白、检举案件线索或者材料后，应当及时进行核实。依法不予立案的，应当说明理由，并将不予立案通知书送达罪犯服刑监狱。依法决定立案的，应当在立案后十日内，将立案情况书面告知罪犯服刑监狱。依法决定撤销案件的，应当将案件撤销情况书面告知罪犯服刑监狱。

8. 人民检察院审查起诉跨省异地执行刑罚的黑恶势力罪犯坦白、检举案件，依法决定不起诉的，应当在作出不起诉决定后十日内将有关情况书面告知罪犯服刑监狱。

9. 人民法院审理跨省异地执行刑罚的黑恶势力罪犯坦白案件，可以依法适用简易程序、速裁程序。有条件的地区，可以通过远程视频方式开庭审理。判决生效后十日内，人民法院应当向办案侦查机关和罪犯服刑监狱发出裁判文书。

10. 跨省异地执行刑罚的黑恶势力罪犯在服刑期间,检举揭发他人犯罪、提供重要线索,或者协助司法机关抓捕其他犯罪嫌疑人的,办案侦查机关应当在人民法院判决生效后十日内根据人民法院判决对罪犯是否构成立功或重大立功提出书面意见,与案件相关材料一并送交监狱。

11. 跨省异地执行刑罚的黑恶势力罪犯在原审判决生效前,检举揭发他人犯罪活动、提供重要线索,或者协助司法机关抓捕其他犯罪嫌疑人的,在原审判决生效后才被查证属实的,参照本意见第10条情形办理。

12. 跨省异地执行刑罚的黑恶势力罪犯检举揭发他人犯罪,构成立功或者重大立功的,监狱依法向人民法院提请减刑。对于检举他人犯罪行为基本属实,但未构成立功或者重大立功的,监狱可以根据有关规定给予日常考核奖励或者物质奖励。

13. 公安机关、人民检察院、人民法院认为需要提审跨省异地执行刑罚的黑恶势力罪犯的,提审人员应当持工作证等有效证件和县级以上公安机关、人民检察院、人民法院出具的介绍信等证明材料到罪犯服刑监狱进行提审。

14. 公安机关、人民检察院、人民法院认为需要将异地执行刑罚的黑恶势力罪犯跨省解回侦查、起诉、审判的,办案地省级公安机关、人民检察院、人民法院应当先将解回公函及相关材料送监狱所在地省级公安机关、人民检察院、人民法院审核。经审核确认无误的,监狱所在地省级公安机关、人民检察院、人民法院应当出具确认公函,与解回公函及材料一并转送监狱所在地省级监狱管理机关审批。监狱所在地省级监狱管理机关应当在收到上述材料后三日内作出是否批准的书面决定。批准将罪犯解回侦查、起诉、审判的,办案地公安机关、人民检察院、人民法院应当派员到监狱办理罪犯离监手续。案件办理结束后,除将罪犯依法执行死刑外,应当将罪犯押解回原服刑监狱继续服刑。

15. 本意见所称“办案侦查机关”,是指依法对案件行使侦查权的公安机关、人民检察院。

最高人民法院、最高人民检察院、公安部、司法部关于依法严惩利用未成年人实施黑恶势力犯罪的意见

（2020 年 3 月 23 日）

扫黑除恶专项斗争开展以来，各级人民法院、人民检察院、公安机关和司法行政机关坚决贯彻落实中央部署，严格依法办理涉黑涉恶案件，取得了显著成效。近期，不少地方在办理黑恶势力犯罪案件时，发现一些未成年人被胁迫、利诱参与、实施黑恶势力犯罪，严重损害了未成年人健康成长，严重危害社会和谐稳定。为保护未成年人合法权益，依法从严惩治胁迫、教唆、引诱、欺骗等利用未成年人实施黑恶势力犯罪的行为，根据有关法律规定，制定本意见。

一、突出打击重点，依法严惩利用未成年人实施黑恶势力犯罪的行为

（一）黑社会性质组织、恶势力犯罪集团、恶势力，实施下列行为之一的，应当认定为“利用未成年人实施黑恶势力犯罪”：

1. 胁迫、教唆未成年人参加黑社会性质组织、恶势力犯罪集团、恶势力，或者实施黑恶势力违法犯罪活动的；

2. 拉拢、引诱、欺骗未成年人参加黑社会性质组织、恶势力犯罪集团、恶势力，或者实施黑恶势力违法犯罪活动的；

3. 招募、吸收、介绍未成年人参加黑社会性质组织、恶势力犯罪集团、恶势力，或者实施黑恶势力违法犯罪活动的；

4. 雇用未成年人实施黑恶势力违法犯罪活动的；

5. 其他利用未成年人实施黑恶势力犯罪的情形。

黑社会性质组织、恶势力犯罪集团、恶势力，根据刑法和《最高人民法院、最高人民检察院、公安部、司法部关于办理黑恶势力犯罪案件若干问题的指导意见》《最高人民法院、最高人民检察院、公安部、司法部关于办理恶势力刑事案件若干问题的意见》等法律、司法解释性质文件的规定认定。

（二）利用未成年人实施黑恶势力犯罪，具有下列情形之一的，应当从重处罚：

1. 组织、指挥未成年人实施故意杀人、故意伤害致人重伤或者死亡、强奸、绑架、抢劫等严重暴力犯罪的；

2. 向未成年人传授实施黑恶势力犯罪的方法、技能、经验的；

3. 利用未达到刑事责任年龄的未成年人实施黑恶势力犯罪的；

4. 为逃避法律追究，让未成年人自首、做虚假供述顶罪的；

5. 利用留守儿童、在校学生实施犯罪的；

6. 利用多人或者多次利用未成年人实施犯罪的；

7. 针对未成年人实施违法犯罪的；

8. 对未成年人负有监护、教育、照料等特殊职责的人员利用未成年人实施黑恶势力违法犯罪活动的；

9. 其他利用未成年人违法犯罪应当从重处罚的情形。

（三）黑社会性质组织、恶势力犯罪集团利用未成年人实施犯罪的，对犯罪集团首要分子，按照集团所犯的全部罪行，从重处罚。对犯罪集团的骨干成员，按照其组织、指挥的犯罪，从重处罚。

恶势力利用未成年人实施犯罪的，对起组织、策划、指挥作用的纠集者，恶势力共同犯罪中罪责严重的主犯，从重处罚。

黑社会性质组织、恶势力犯罪集团、恶势力成员直接利用未成年人实施黑恶势力犯罪的，从重处罚。

（四）有胁迫、教唆、引诱等利用未成年人参加黑社会性质组织、恶势力犯罪集团、恶势力，或者实施黑恶势力犯罪的行为，虽然未成年人并没有加入黑社会性质组织、恶势力犯罪集团、恶势力，或者没有实际参与实施黑恶势力违法犯罪活动，对黑社会性质组织、恶势力犯罪集团、恶势力的首要分子、骨干成员、纠集者、主犯和直接利用的成员，即便有自首、立功、坦白等从轻减轻情节的，一般也不予从轻或者减轻处罚。

（五）被黑社会性质组织、恶势力犯罪集团、恶势力利用，偶尔参与黑恶势力犯罪活动的未成年人，按其所实施的具体犯罪行为定性，一般不认定为黑恶势力犯罪组织成员。

二、严格依法办案，形成打击合力

（一）人民法院、人民检察院、公安机关和司法行政机关要加强协作配合，对利用未成年人实施黑恶势力犯罪的，在侦查、起诉、审判、执行各阶段，要全面体现依法从严惩处精神，及时查明利用未成年人的犯罪事实，避免纠缠细枝末节。要加强对下指导，对利用未成年人实施黑恶势力犯罪的重特大案件，可以单独或者联合挂牌督办。对于重大疑难复杂和社会影响较大的案件，办案部门应当及时层报上级人民法院、人民检察院、公安机关和司法行政机关。

（二）公安机关要注意发现涉黑涉恶案件中利用未成年人犯罪的线索，落实以审判为中心的刑事诉讼制度改革要求，强化程序意识和证据意识，依法收集、固定和运用证据，并可以就案件性质、收集证据和适用法律等听取人民检察院意见建议。从严掌握取保候审、监视居住的适用，对利用未成年人实施黑恶势力犯罪的首要分子、骨干成员、纠集者、主犯和直接利用的成员，应当依法提请人民检察院批准逮捕。

（三）人民检察院要加强对利用未成年人实施黑恶势力犯罪案件的立案监督，发现应当立案而不立案的，应当要求公安机关说明理由，认为理由不能成立的，应当依法通知公安机关立案。对于利用未成年人实施黑恶势力犯罪的案件，人民检察院可以对案件性质、收集证据和适用法律等提出意见建议。对于符合逮捕条件的依法坚决批准逮捕，符合起诉条件的依法坚决起诉。不批准逮捕要求公安机关补充侦查、审查起诉阶段退回补充侦查的，应当分别制作详细的补充侦查提纲，写明需要补充侦查的事项、理由、侦查方向、需要补充收集的证据及其证明作用等，送交公安机关开展相关侦查补证活动。

（四）办理利用未成年人实施黑恶势力犯罪案件要将依法严惩与认罪认罚从宽有机结合起来。对利用未成年人实施黑恶势力犯罪的，人民检察院要考虑其利用未成年人的情节，向人民法院提出从严处罚的量刑建议。对于虽然认罪，但利用未成年人实施黑恶势力犯罪，犯罪性质恶劣、犯罪手段残忍、严重损害未成年人身心健康，不足以从宽处罚的，在提出量刑建议时要依法从严从重。对被黑恶势力利用实施犯罪的未成年人，自愿如实认罪、真诚悔罪，愿意接受处罚的，应当依法提出从宽处理的量刑建议。

（五）人民法院要对利用未成年人实施黑恶势力犯罪案件及时审判，从严处罚。严格掌握缓刑、减刑、假释的适用，严格掌握暂予监外执行的适用条件。依法运用财产刑、资格刑，最大限度铲除黑恶势力“经济基础”。对于符合刑法第三十七条之一规定的，应当依法禁止其从事相关职业。

三、积极参与社会治理，实现标本兼治

（一）认真落实边打边治边建要求，积极参与社会治理。深挖黑恶势力犯罪分子利用未成年人实施犯罪的根源，剖析重点行业领域监管漏洞，及时预警预判，及时通报相关部门、提出加强监管和行政执法的建议，从源头遏制黑恶势力向未成年人群体侵蚀蔓延。对被黑恶势力利用尚未实施犯罪的未成年人，要配合有关部门及早发现、及时挽救。对实施黑恶势力犯罪但未达到刑事责任年龄的未成年人，要通过落实家庭监护、强化学校教育管理、送入专门学校矫治、开展社会化帮教等措施做好教育挽救和犯罪预防工作。

（二）加强各职能部门协调联动，有效预防未成年人被黑恶势力利用。建立与共青团、妇联、教育等部门的协作配合工作机制，开展针对未成年人监护人的家庭教育指导、针对教职工的法治教育培训，教育引导未成年人远离违法犯罪。推动建立未成年人涉黑涉恶预警机制，及时阻断未成年人与黑恶势力的联系，防止未成年人被黑恶势力诱导利用。推动网信部门开展专项治理，加强未成年人网络保护。加强与街道、社区等基层组织的联系，重视和发挥基层组织在预防未成年人涉黑涉恶犯罪中的重要作用，进一步推进社区矫正机构对未成年社区矫正对象采取有针对性的矫正措施。

（三）开展法治宣传教育，为严惩利用未成年人实施黑恶势力犯罪营造良好社会环境。充分发挥典型案例的宣示、警醒、引领、示范作用，通过以案释法，选择典型案件召开新闻发布会，向社会公布严惩利用未成年人实施黑恶势力犯罪的经验和做法，揭露利用未成年人实施黑恶势力犯罪的严重危害性。加强重点青少年群体的法治教育，在黑恶势力犯罪案件多发的地区、街道、社区等，强化未成年人对黑恶势力违法犯罪行为的认识，提高未成年人防范意识和法治观念，远离黑恶势力及其违法犯罪。

最高人民法院、最高人民检察院、公安部、司法部关于敦促涉黑涉恶在逃人员投案自首的通告

（2021 年 9 月 2 日）

为深入推进常态化扫黑除恶斗争，依法惩处黑恶势力犯罪，维护社会安定，保护人民群众生命财产安全，坚决对涉黑涉恶在逃的犯罪嫌疑人、被告人（以下统称“在逃人员”）“有逃必追、一追到底”；同时，贯彻落实宽严相济刑事政策，给予在逃人员改过自新、争取宽大处理的机会，根据《中华人民共和国刑法》《中华人民共和国刑事诉讼法》及有关规定，特通告如下：

一、在逃人员自本通告发布之日起至 2021 年 10 月 31 日前自动投案，如实供述自己的罪行的，可以依法从轻或者减轻处罚；犯罪情节较轻的，可以依法免除处罚。在此规定期限内拒不投案自首的，将根据犯罪情节及造成的危害依法从严惩处。在逃人员要认清形势，珍惜机会，尽快投案自首，争取从宽处理。

二、由于客观原因，本人不能在规定期限内到司法机关投案，委托他人代为投案，或者先以信函、电话、电报、电子邮件等方式投案，本人随后到案的，视为自动投案。犯罪后逃跑，在被通缉、追捕过程中主动投案的，以及经查实确已准备去投案，或者正在投案途中，被公安机关抓获的，视为自动投案。

三、在逃人员的亲友应当积极规劝其尽快投案自首。经亲友规劝、陪同投案的，或者亲友主动报案后将在逃人员送去投案的，视为自动投案。

四、在逃人员有检举、揭发他人犯罪行为，经查证属实的，以及提供重要线索，从而得以侦破其他案件，或者有积极协助司法机关抓获其他在逃人员

等立功表现的，可以依法从轻或者减轻处罚；有重大立功表现的，可以依法减轻或者免除处罚。

五、任何个人或公司、企业、团体不得为在逃人员提供隐藏处所、财物和交通、通讯工具，为其通风报信或者作假证明包庇，或者提供其他便利条件帮助其逃匿。无论境内境外，经查证属实，构成犯罪的，将依法追究刑事责任。

六、凡知悉在逃人员情况、信息的公民，都有义务向司法机关检举揭发。司法机关将对检举揭发人员依法予以保护和保密。对威胁、报复举报人、控告人，构成犯罪的，依法追究刑事责任。

七、本通告自发布之日(9月2日)起实施。